개정 수학교과서 관련	통합교과
2학년 1학기	**1학년 1학기**
2. 여러 가지 도형 3. 덧셈과 뺄셈 5. 분류하기 6. 곱셈	학교 1. 친구와 서로 도우며 공부해요 가족 1. 우리 집을 살펴봐요
2학년 2학기	**1학년 2학기**
2. 곱셈구구 5. 표 만들기 6. 규칙 찾기	이웃 1. 나의 이웃을 살펴봐요
	2학년 1학기
	가족 1. 가족과 친척을 알아봐요 가족 2. 가족을 소개해요

와이즈만 수학동화

수학해적왕

1판 1쇄 인쇄 2013년 2월 1일
1판 5쇄 발행 2023년 3월 20일

글 권재원 | **그림** 정은영 | **감수** 와이즈만 영재교육연구소
발행처 와이즈만 BOOKs | **발행인** 염만숙
출판사업본부장 김현정 | **편집** 오미현 원선희
디자인 위드 | **마케팅** 강윤현, 백미영

출판등록 1998년 7월 23일 제1998-000170 | **제조국** 대한민국
주소 서울특별시 서초구 남부순환로 2219 나노빌딩 5층
전화 마케팅 02-2033-8987 편집 02-2033-8928 | 팩스 02-3474-1411
전자우편 books@askwhy.co.kr | **홈페이지** mindalive.co.kr | **사용 연령** 8세 이상
ISBN 978-89-89415-83-1 73410

© 2013, 권재원, 정은영
이 책의 저작권은 권재원, 정은영에게 있습니다.
저자와 출판사의 허락 없이 내용의 일부를 인용하거나 발췌하는 것을 금합니다.
잘못된 책은 구입처에서 바꿔 드립니다.

와이즈만 BOOKs는 (주)창의와탐구의 출판 브랜드입니다.
KC마크는 이 제품이 공통안전기준에 적합하였음을 의미합니다.

수학해적왕

권재원 글 | 정은영 그림 | 와이즈만 영재교육연구소 감수

저자 글

수학해적왕만 아는 세상에서 제일 강한 힘

이 책의 주인공은  쥐방울이에요. 이름처럼 몸집이 작고 귀여운 꼬마랍니다. 쥐방울에게는 엄마도 아빠도 없어요. 또 돈도 없고요. 무엇 하나 남들보다 나은 게 하나도 없어요. 오히려 아주 보잘것없는 아이지요.

하지만 쥐방울은 겉보기와는 다르게 아주 대단한 힘을 가진 아이랍니다. 겉으로 보이는 것과 실제와는 전혀 다를 수 있거든요.

수학도 마찬가지예요.

어렵고 복잡해 보이는 문제지만 실제로는 크게 어렵지 않고 아주 단순한 문제인 경우가 많아요.

그러니까 여러분이 수학을 대할 때 가장 중요한 것은 겉모습에 속지 않는 거예요. 긴 문장과 복잡한 그림이 겁을 주고 눈속임하는 경우가 많거든요.

긴 문장의 문제를 풀 때에는 중요한 사실만 골라내 표로 만들고, 복잡한 그림을 볼 때에는 반복되는 규칙을 찾으세요. 그러면 번개처럼 빠르게 문제를 풀고 답을 쓸 수 있을 거예요.

자, 이제 왜 쥐방울 같은 아이가 주인공이 될 수 있었는지 이해가 되나요?

쥐방울은 고아로 외롭게 살다가 무서운 해적들에게 잡히게 돼요. 그런데 더 무시무시한 해적에게 끌려가게 되지요. 그렇지만 쥐방울은 자신이 가진 '힘'으로 하나하나 이겨 나갑니다. 쥐방울이 가지고 있던 '힘'은 무엇일까요? 바로 '생각하는 힘'이에요.

수학의 세계에서는 쥐방울이 고아라는 것도, 가난하다는 것도, 힘없는 꼬마라는 것도 아무 장애가 되지 않아요. 생각하는 힘만 있다면 어떤 문제도 해결할 수 있거든요. 여러분도 쥐방울처럼 생각하는 힘을 가지고 싶지요? 그래서 수학해적왕이 되고 싶지요? 그러니까 어서 해적선에 올라타세요!

수학해적왕이 된 쥐방울이 여러분에게 세상에서 제일 강한 힘을 전해 줄 거예요.

지은이 권지원

차례

저자 글 _ 수학해적왕만 아는 세상에서 제일 강한 힘 4
수학해적왕에 나오는 사람들 8
쥐방울은 어떻게 해적왕이 되었을까? 10

1장
쥐방울, 해적 5형제를 만나다

마을의 해결사, 쥐방울 청소부 _14
해적들의 보물 지도 _28
해적에게 끌려가다 _40

2장
쥐방울과 해적 5형제의 모험

해적에게도 곱셈은 필요해 _56
몹시도 잔인한 붉은 수염 해적선 _74

3장 쥐방울과 붉은 수염의 대결

세상에서 제일 오싹한 수학 내기, 1차전 _86

세상에서 제일 오싹한 수학 내기, 2차전 _101

붉은 수염의 고민 _114

최고의 보물은 지혜이다 _126

그 후 해적들은 어떻게 되었을까? 138

수학해적왕에 나오는 사람들

쥐방울

고아지만 씩씩하게 살아가는 아이. 수학 문제를 만들고 푸는 것을 제일 좋아한다. 어느날, 해적 5형제에게 끌려가 해적선에 타게 되고, 붉은 수염 해적과 수학 내기를 하게 된다.

갈고리 손 해적

무섭기로 소문난 해적 5형제의 두목. 상어와 맨손으로 싸우다가 한쪽 손이 물어 뜯겨 갈고리를 달게 되었다. 쥐방울에게 기꺼이 두목 자리를 내놓는 용기를 가졌다.

콧수염 해적

해적 5형제 중 한 사람. 세 갈래로 길게 땋은 콧수염을 채찍처럼 휘두르는 게 특기이다.

외다리 해적

해적 5형제 중 한 사람. 지렁이 대신 발가락을 미끼로 삼아 물고기를 잡으려다가 식인 물고기한테 다리를 뜯기고 만다.

쥐방울은 어떻게 해적왕이 되었을까?

이 배는 해적선입니다. 해적선이니 당연히 해적들이 타고 있지요. 모두 보통이 넘는 무시무시한 해적들이에요.

맨손으로 상어와 싸우다 한쪽 손이 물어 뜯겨 갈고리 손을 단 해적도 있고, 날아오는 화살을 똑바로 보다가 한쪽 눈을 잃어버린 해적도 있습니다. 세 갈래로 길게 땋은 콧수염을 채찍처럼 휘두르는 해적도 있고, 지렁이 대신 발가락을 미끼로 삼았다가 식인 물고기들에게 다리를 뜯긴 해적도 있어요. 또 해파리 독으로 머리를 염색했다가 대머리가 되어 버린 해적도 있지요.

그렇다면 이 해적들의 두목은 누구일까요?

갈고리 손 해적? 애꾸눈 해적? 콧수염 해적? 외다리 해적? 대머리 해적?

아니에요. 바로 연필을 귀에 꼽고 있는 '쥐방울'이에요. 쥐방울은 이 해적선의 두목일 뿐 아니라 드넓은 바다를 누비는 해적들이 모두 존경하는 해적왕입니다.

이렇게 몸집이 작은 어린아이가 해적왕이라니요?
하지만 사실이랍니다. 쥐방울에게는 아주 놀라운
힘이 있거든요. 그 힘 덕분에 해적왕이 될
수 있었어요.
여러분도 쥐방울이 어떻게 해적왕이 되었는지 알면
쥐방울처럼 놀라운 힘의 비밀을 얻게 될 거예요.
자, 이제부터 쥐방울의 모험을 따라 함께 떠나 볼까요?

마을의 해결사, 쥐방울 청소부

해적이 되기 전 쥐방울은 고아원에서 살았습니다. 쥐방울이 아기였을 때, 엄마 아빠가 하늘나라로 가셨거든요. 그래서 쥐방울은 스스로의 힘으로 살아가야 했어요. 우유나 신문을 배달하기도 하고, 나무에 물을 주거나 거리를 쓸고 닦아 돈을 벌었지요.

그중 쥐방울이 특히 잘하는 일은 청소였어요. 대부분의 아이들은 청소하는 것을 무척 싫어하지만, 쥐방울은 청소를 아주 좋아했어요. 누가 시키지 않아도 고아원은 물론 마을 구석구석까지 쓸고 닦았지요. 비가 오나 눈이 오나, 추우나 더우나 하루도 빠지지 않고 청소를 했어요. 거리가 깨끗해지는 것을 보면 기분이 그렇게 상쾌할 수가 없었거든요.

그런 쥐방울이 청소보다 더 좋아하는 게 딱 하나 있었지요. 바로 수학 문제를 푸는 거였어요. 게임을 하는 것처럼 재미있고, 같이할 친구가 없어도 언제 어디에서나 혼자서도 할 수 있었기 때문이지요.

그래서 쥐방울은 언제나 귓등에 연필을 꽂고 다니며 짬짬이 수첩에다 수학 문제들을 내 보고 풀어요.

하루는 쥐방울이 고아원 마당을 쓸고 있는데, 구석에서 꼬마가 울고 있었어요.

쥐방울이 다가가 물었어요.

"무슨 일이야? 안 좋은 일이라도 있니?"

"형이 오는 날짜를 달력에 표시해 뒀는데요, 그 달력이 찢어져 버렸어요. 여기에 잠깐 놔뒀는데 그만 염소가

뜯어먹고 만 거예요. 달력이 없으면 형이 언제 오는지 모르는데……."

꼬마는 형이 오기만 손꼽아 기다리고 있었어요.

꼬마는 형을 자랑스러워 했어요. 지난해 꼬마의 형은 축구를 아주 잘해서 장학생으로 입학했거든요.

쥐방울은 꼬마의 머리를 쓰다듬으며 달랬어요.

"내가 도와줄게. 울음을 뚝 그치고, 내가 묻는 말에 대답해 봐."

꼬마는 코를 훌쩍이며 고개를 끄덕였어요.

"형이 무슨 요일에 올 건지 기억나니?"

"빨간색으로 적힌 날인데……."

"그럼 몇 월 달에 오는지는 알아?"

"몰라요."

꼬마의 말에 쥐방울은 머리를 긁적이다가 다시 물었어요.

"형이 왜 오는 거지?"

"축구 시합이 있거든요. 형이 시합 날 2주일 전에 와서 축구 연습을 한다고 했어요……."

그러자 쥐방울이 손가락을 탁 튕겼습니다.

축구 시합은 마을에서 해마다 열리는 행사였는데요. 이번 축구 시합날은 5월 20일 일요일입니다.

쥐방울은 얼른 수첩을 펼쳐서 '일, 월, 화, 수, 목, 금, 토'라고 쓰고, 일요일은 빨간색으로 적었어요. 그리고 일요일 아래쪽에 20을 적고 동그라미를 쳐서 '축구 시합'이라고 적었어요.

"축구 시합 날이 일요일이니까, 일요일부터 날짜를 거슬러 적어 봐야 해."

쥐방울이 20일에서부터 하루하루 거슬러 올라가 1주일 전, 2주일 전까지 날짜를 거꾸로 적어 가자, 꼬마가 놀라며 물었어요.

"이걸 어떻게 다 외우는 거예요?"

"외우는 게 아니야. 달력을 만드는 규칙만 알면 누구든지 할 수 있어."

쥐방울이 웃으며 6일에 동그라미를 쳤어요.

"이날이 바로 너희 형이 오는 날이야."

꼬마는 쥐방울에게 종이를 받아들고
폴짝폴짝 뛰며 좋아했어요.
쥐방울은 그런 꼬마를 물끄러미 쳐다보았어요.
'나한테도 가족이 있으면 얼마나 좋을까. 매일 보지
못한다 하더라도 가족이 있다면 힘이 날 텐데…….'
갑자기 쥐방울의 마음이 허전해졌어요.

쥐방울은 외로움을 잊기 위해 땀을 뻘뻘 흘리며 더 열심히 청소했습니다. 고아원 마당을 다 쓸자, 이번에는 밖으로 나가 골목길을 쓸기 시작했어요. 그때 우유 가게 아주머니가 쥐방울을 보고 불렀어요. 쥐방울은 빗자루를 문가에 세워 두고 안으로 들어갔지요.

친절한 우유 가게 아주머니가 우유를 한 컵 가득 따라 내밀었어요.

"네 덕분에 우리 가게 앞이 언제나 깨끗하구나, 고맙다."

아주머니는 애정이 담긴 목소리로 말하고 나서 쥐방울에게 살짝 몸을 기울였어요.

"그런데 말이다……."

아주머니가 조심스럽게 입을 열자, 쥐방울은 눈을 반짝였습니다.

'그런데 말이다'는 사람들이 고민을 털어놓을 때 쓰는 말이었거든요.

아니나 다를까, 아주머니에게 고민이 있었어요.

"우리 가족의 연극표를 몽땅 잃어버렸지 뭐니? 자리 번호만 알면 연극은 볼 수 있다고 하는데……."

아주머니가 한숨을 깊이 내쉬었어요.

쥐방울이 물었어요.

"혹시 아무 거라도 기억나는 거 없으세요?"

아주머니는 잠깐 생각하더니 손바닥을 짝 쳤어요.

"가만…… 그러고 보니 내 자리는 꽃집 쌍둥이 아가씨들 사이였어. 남편은 앞줄에서 셋째 줄 왼쪽에서 셋째 자리이고. 우리 애들은 맨 뒷줄 첫 번째 자리부터 차례로 앉기로 했는데 그게 오른쪽에서 첫 번째인지, 왼쪽에서 첫 번째인지 잘 모르겠구나."

"혹시 한 줄에 모두 몇 자리씩 있는지 아세요? 그리고 맨 뒷줄이 앞에서부터 몇 번째 줄인지도요?"

"글쎄다. 그건 기억이 안 나는걸. 하지만 약국 아저씨는 알지도 몰라. 자기 자리가 맨 뒷줄 맨 끝자리이고, 자신의 아내는 제일 앞줄의 끝자리라고 했거든."

아주머니의 말을 들은 쥐방울이 벌떡 일어났어요.

"그래요? 그럼 제가 금방 알아보고 올게요."

쥐방울은 쏜살같이 약국으로 달려갔습니다.

"아저씨, 아저씨. 연극표 사셨죠? 자리가 몇 번이에요?"

약국 아저씨는 난데없는 쥐방울의 질문에 얼떨떨한 표정을 지으며 대답했어요.

"48번, 마지막 자리야. 난 맨 뒷줄의 오른쪽 끝자리를 좋아하거든. 하지만 내 아내는 맨 앞줄의 오른쪽 끝자리를 좋아해. 그래서 첫째 줄, 8번이지. 그런데 그건 왜?"

"우유 가게 아주머니네 자리 번호를 알아내야 해서요. 연극표를 잃어버리셨대요. 그럼 안녕히 계세요."

쥐방울은 이번에는 꽃집으로 달려갔습니다. 꽃집 쌍둥이

아가씨들이 환히 웃으며 쥐방울을 반겼어요.

"아침부터 웬일이니?"

쥐방울은 숨을 헐떡이면서 물었습니다.

"누나들이 산 연극표의 자리 번호는 몇 번이에요?"

"나는 29번."

"나는 31번이야."

쥐방울은 다시 우유 가게로 돌아왔어요. 그리고 귓등에 꽂아 둔 연필을 빼 들고 수첩에 끄적거렸어요.

아주머니는 기대에 찬 얼굴로 쥐방울을 바라보았지요. 쥐방울이 연필과 수첩을 꺼내 들 때마다 복잡한 문제가 술술 풀린다는 것을 알고 있었거든요.

쥐방울이 수첩 위에 무대를 그리고 왼쪽과 오른쪽을 표시했어요. 그 아래에 1부터 8까지 숫자를 적었지요.

"약국 아주머니 자리는 8번, 맨 앞줄의 오른쪽 끝자리예요. 바로 여기예요."

쥐방울이 8을 가리키며 말했어요.

"그러니까 약국 아주머니가 앉는 맨 앞줄에는 모두 8개의 자리가 있다는 걸 알 수 있어요. 다른 줄도 마찬가지로 8개의 자리가 있어요. 한 줄에 8개의 자리가 있으니까 이렇게 8씩 더해 가면 돼요."

쥐방울은 48까지 적으며 말했어요.

"약국 아저씨의 자리가 48번 맨 뒷줄 마지막이라고 하니까 전체 자리는 6줄인 거죠. 이렇게 말이에요."

"어머나, 정말 그러네."

우유 가게 아주머니는 쥐방울의 이야기를 들으며 연신 고개를 끄덕였어요.

"아저씨 자리가 앞줄에서 셋째 줄이고, 왼쪽에서 셋째 자리라고 하셨죠? 그럼 여기예요. 그리고 꽃집 쌍둥이 누나들의 자리는 29번이랑 31번이니까, 그 사이에 있는 아주머니 자리는 30번이죠. 아이들은 여기 왼쪽 41번부터 차례대로 앉아야 해요. 오른쪽 끝은 약국 아저씨의 자리니까요."

우유 가게 아주머니는 어려운 고민거리가 해결되어 기뻐했어요.

"정말 고맙구나. 이건 고마워서 주는 거란다."

아주머니는 동전 두 닢을 쥐어 주었어요.

쥐방울은 기쁜 마음으로 빗자루를 등에 지고 거리로 나왔습니다. 햇살이 따뜻했어요. 쥐방울은 하품이 나기 시작했지요. 아침부터 꼬마와 우유 가게 아주머니의 문제를 해결해 주느라 몹시 바쁘게 돌아다녔으니까요.

"아휴, 졸려. 아무래도 한숨 자고 일어나야겠다. 어디 보자. 그래, 저곳이 좋겠는걸."

쥐방울은 커다란 도토리나무 아래에 드러누웠어요. 둘레에는 수풀이 우거져 있어서 쥐방울의 몸을 감쪽같이 숨길 수 있었지요.

"좋아, 이곳이라면 아무에게도 방해 받지 않고 낮잠을 잘 수 있겠어."

쥐방울은 쌔근쌔근 단잠에 빠졌습니다.

해적들의 보물 지도

얼마나 잤는지 몰라요. 쥐방울은 시끌시끌한 소리에 눈을 떴습니다.
"이런 엉터리 보물 지도를 가져오다니, 네 잘못이야!"
"그게 왜 제 잘못입니까? 이걸 찾아오라고 명령한 건 두목님이지 않습니까?"

"이런 한심한 지도를 믿다니, 다들 정말 멍청해."

"뭐라고? 이걸 손에 넣느라 얼마나 고생했는데, 그따위 소리를 하다니. 내 주먹 맛 좀 볼래?"

"덤벼 봐라. 네 못생긴 코를 더 납작하게 만들어 줄 테다!"

욕설이 튀어나오고 험악한 소리가 오가고 있었어요.

쥐방울은 조심스럽게 풀숲을 헤쳐 얼굴을 빼꼼 내밀었습니다.

험악해 보이는 사람들이 우스꽝스런 자세를 하고 바쁘게 움직이고 있었어요. 검은 안대를 한 사람은 한 발로 뛰었고, 외다리인 사람은 물구나무를 서고 있었지요. 대머리에 해골 문신을 한 사람은 토끼뜀을 뛰었고, 콧수염을 세 갈래로 땋아 내린 사람은 혀를 길게 내밀고 있었어요. 갈고리 손을 가진 사람은 손으로 한 발을 잡고 한쪽 발로 겅중겅중 뛰었고요.

쥐방울은 저도 모르게 소리를 지를 뻔했습니다. 그들은 잔인하기로 소문난 해적 5형제였거든요.

쥐방울은 두 손으로 얼른 입을 막았어요.

'지금 당장 도망치지 않으면 큰일 날지도 몰라.'

그런데 마음 한구석에서 해적들이 왜 싸우고 있는지 궁금증이 일어났어요. 쥐방울은 숨을 죽이고 침착하게 해적 5형제의 행동을 지켜보았어요.

잠시 후 쥐방울은 해적 5형제가 싸우는 게 보물 지도

때문이라는 것을 알게 되었습니다. 어렵게 구해 온 보물 지도가 찢겨져 버려 보물이 숨겨진 곳을 정확하게 알아낼 수 없게 된 거였어요. 해적들은 보물 지도를 거꾸로 뒤집어 보기도 하고, 햇빛에 비추어 보기도 했지만 아무 소용이 없었어요.

두목 같아 보이는 갈고리 손이 버럭버럭 화를 냈어요.

"이따위 지도가 감히 우리를 약 올리다니. 도저히 참을 수 없다!"

"참을 수 없다, 참을 수 없다!"

다른 해적들도 주먹을 치켜들며 소리를 질렀어요.

"이따위 지도는 필요 없다!"

갈고리 손이 다시 소리를 질렀지요.

"필요 없다, 필요 없다!"

또다시 해적들도 소리를 질렀어요.

"좋아, 이건 버리고 우리의 힘으로 보물을 찾자. 이곳을 전부 파헤친다면 보물이 나올 것이다. 삽과 곡괭이를 가져와서 몽땅 파헤치자!"

갈고리 손은 지도를 땅바닥에 휙 내팽개치고 부하들과 가 버렸어요.

해적들이 완전히 사라지자, 쥐방울은 숨어 있던 곳에서 잽싸게 나와 바닥에 버려진 보물 지도를 집어 들고 찬찬히 살폈습니다.

> 앵무새의 무덤에서 한 발로 뛰어 동쪽으로 5칸,
> 물구나무서기로 남쪽으로 8칸을 가라.
> 거기에서 토끼뜀으로 서쪽으로 2칸,
> 혀를 길게 내밀고 북쪽으로 3칸을 가라.
> 그곳에서 서쪽으로 5칸을 가면 보물이 있다.

쥐방울은 글을 읽으며 코끝을 살살 긁고 눈도 깜박였습니다. 이것은 쥐방울이 무언가에 깊이 집중을 하며 생각할 때 짓는 표정이었거든요.

갑자기 쥐방울의 눈이 왕방울 만해졌어요.

"이 지도로 진짜 보물을 찾을 수 있어!"

쥐방울은 지도를 들고 가장 높은 나무 위로 잽싸게 기어 올라갔어요. 너른 들판이 한눈에 들어오고 들판 한쪽에 있는 묘지도 보였어요. 쥐방울은 묘지와 지도를 번갈아 쳐다보며 비교하기 시작했어요.

"역시 내 생각이 맞았어. 그런데 어떤 게 앵무새의 무덤일까?"

쥐방울은 묘지들을 살피더니, 제일 작은 무덤에 앵무새 조각이 있는 것을 발견했어요.

"저거야. 이제 시작해 볼까?"

쥐방울은 나무에서 내려와 앵무새의 무덤으로 달려갔어요. 그리고 앵무새의 무덤에서 한 발로 동쪽에 있는 다섯 번째 무덤까지 건너뛴 다음, 다시 물구나무서기로 남쪽 여덟 번째 무덤으로 갔어요. 다시 토끼뜀으로 서쪽 두 번째 무덤으로 갔지요.

"어휴, 힘들어. 그래도 여기서부터는 쉽구나."

쥐방울은 혀를 쏙 내밀고 북쪽 세 번째 있는 무덤으로 가고, 거기에서 서쪽으로 다섯 번째 무덤까지 갔어요. 드디어 지도에서 찢겨져 나오지 않았던 무덤이 나타났어요.

쥐방울은 몇 번이나 지도를 보면서 위치를 확인했습니다.

'틀림없어. 이곳이 확실해.'

쥐방울은 침을 꿀꺽 삼키고 돌들을 치우고 흙을 파내기 시작했어요. 하지만 흙이 단단해 파기가 어려웠지요. 쥐방울은 손톱이 아프고 팔이 떨어져 나가는 것처럼 힘들었지만 꾹 참고 계속 팠어요. 한참을 파고 내려가자 손끝에 단단한 것이 닿는 게 아니겠어요? 쥐방울의 가슴이 쿵닥거렸습니다. 쥐방울은 조심조심 흙을 파헤쳤어요.

쥐방울은 정말 보물을 찾은 것일까요?

땅속에서 나온 것은 나무 상자였어요. 상자 뚜껑에는 여러 가지 색깔과 모양의 누름단추가 있고, 그 위에 무엇인가가 적혀 있었어요.

'어떤 보물이 들어 있길래, 상자가 이렇게 멋있는 거지?'

쥐방울이 뚜껑에 적혀 있는 글귀를 막 읽으려는데, 갑자기 시끌벅적한 소리가 들려왔어요.

"이 근처를 전부 파헤치는 거다. 샅샅이 뒤지는데 그놈의 보물이 안 나오고 배기겠냐? 우선 저쪽에 있는 무덤부터 파 보자."

해적들의 발자국 소리가 가까워 오자, 쥐방울은 기겁하고 숨을 곳을 찾았어요.

'저기 있는 돌 비석 뒤에 숨어야겠어. 저기까지 가는 동안 들키지 말아야 하는데…….'

쥐방울은 상자를 안고 바짝 엎드려 조심조심 기어갔습니다.

'조금만, 조금만…….'

그런데 그때 대머리 해적이 소리를 꽥 질렀어요.
"앗, 무덤이 파헤쳐 있어! 저기다. 쥐방울만 한 녀석이 달아나고 있다!"
쥐방울은 벌떡 일어나 걸음아, 나 살려라 하고 달리기 시작했어요.
"저놈 잡아라! 놓치면 안 된다!"
해적들이 쥐방울을 발견하고 무섭게 쫓아왔어요. 쥐방울은 숨이 턱까지 차올랐지만 발바닥에 불이 나도록 달렸어요.
'잡히면 안 돼!'
그러나 해적들은 키도 크고 힘도 좋아 더 빨랐지요. 결국 쥐방울은 해적들에게 잡히고 말았습니다.

해적에게 끌려가다

애꾸눈 해적이 쥐방울의 뒷목을 붙잡고 자신의 눈높이까지 들어 올렸어요.
"이 녀석! 여기에서 뭘 하고 있었냐?"
"아무 짓도 안 했어요. 정말이에요."

쥐방울은 버둥거렸지만 해적의 손아귀에서 도망칠 수 없었지요.
갈고리 손이 꺼림칙한 얼굴로 명령했어요.
"뭔가 수상하다. 이놈을 거꾸로 들어 봐라."
애꾸눈 해적이 쥐방울을 거꾸로 들자, 품속에서 나무 상자가 툭 떨어지고 말았지요.
"어라, 이건 뭐냐? 이 녀석이 우리 보물을 훔쳐 가려고 했잖아. 뜨거운 맛을 보여 줘야겠군."

쥐방울은 너무 무서워 오줌이 나올 것만 같았습니다.
갈고리 손은 땅에 떨어진 상자를 집어 들었어요.

"보물 상자가 생각보다 작은걸. 하지만 틀림없이 값비싼 보석이 들어 있을 것이다. 주먹만 한 다이아몬드 말이야."

그러자 대머리 해적이 입맛을 다시며 보물 상자를 쳐다보았지요.

"뭐가 들었는지 궁금해 죽겠네. 두목, 일단 이것부터 열어 보고 나서 저놈을 없애면 안 될까요?"

"그래요. 보물부터 구경합시다!"

해적들이 입 모아 졸라 대자, 갈고리 손이 고개를 끄덕이며 말했어요.

"좋아, 저놈이 도망치지 못하도록 잘 묶어 둬라. 그런 다음 상자를 열어 보자."

해적들은 쥐방울을 나무에 꽁꽁 묶었어요. 갈고리 손이 나서서 상자를 열려고 했어요. 하지만 아무리 힘을 주어도 상자가 꿈쩍하지 않는 거예요.

"왜 이렇게 안 열리는 거야?"

"이리 줘 보십시오. 제가 당장 열어 보겠습니다."

대머리 해적이 큰소리를 쳤지만, 상자는 조금도 열리지 않았어요. 그러자 화가 난 외다리 해적이 상자를 돌로 내리쳤고, 애꾸눈 해적이 상자를 땅에 메다꽂았습니다. 하지만 상자는 꿈쩍도 하지 않았습니다. 보다 못한 콧수염 해적이 상자에 콧기름을 발라 보았지만 소용이 없었어요.

갈고리 손이 성난 눈으로 쥐방울을 노려보았어요.

"네놈이 상자를 잠갔냐?"

쥐방울은 고개를 강하게 저었지요.

"아니에요. 난 아무 짓도 하지 않았어요. 정말이에요."

그 말에 외다리 해적이 한쪽 발을 탕탕 굴렀어요.

"거짓말 마라. 네놈이 상자에 무슨 짓을 한 게냐?"

분위기가 점점 무서워지고 있을 때, 콧수염 해적이 끼어들었어요.

"잠깐, 두목. 여기 뭐라고 적혀 있는데요?"

"뭐가 적혀 있든 말든 무슨 상관이야? 어차피 우리는 글을 읽지도 못하는데, 뭐가 적혀 있는지 중요하지 않아!"

갈고리 손이 신경질을 발끈 냈어요.

'글을 못 읽는다고?'

꽁꽁 묶여 있으면서도 귀를 쫑긋 세우고 해적들의 말을 듣고 있던 쥐방울이 조심스럽게 입을 열었어요.

"제가 뭐라고 적혀 있는지 읽어 드릴까요? 상자를 여는 방법이 적혀 있을지도 모르잖아요."

해적들은 상자에 적힌 글귀를 뚫어지게 바라보았습니다. 그러나 아무리 들여다보아도 그 뜻을 알 리 없었지요.

콧수염이 갈고리 손에게 귀엣말을 했어요.

"일단 저놈에게 이걸 읽어 보라고 합시다. 그 다음에 없애도 늦지 않잖아요."

갈고리 손은 천천히 고개를 끄덕이며 이렇게 말했어요.

"좋아, 하지만 상자를 여는 방법이 적혀 있지 않다면 당장 네 목을 베어 버리겠다!"

쥐방울은 몸을 부르르 떨었습니다. 목이 잘린다니, 상상만 해도 끔찍했거든요.

상자에는 이렇게 적혀 있었어요.

빈 곳에 맞는 누름단추를 차례대로 눌러야 한다.
단 한 번만 기회가 있다.
만일 한 번이라도 잘못 누른다면,
이 상자는 영원히 열리지 않을 것이다.

쥐방울은 떨리는 목소리로 상자에 적힌 글을 또박또박 읽었어요.

그러자 해적들의 얼굴이 더욱 험악해져 갔어요.

"대체 그게 무슨 말이냐? 상자가 열리지 않을 거라고? 이 녀석, 제대로 읽은 거냐?"

갈고리 손이 천둥 같은 목소리로 으르렁거렸지요.

"확실해요. 그렇지만 빈 곳에 맞는 누름단추를 찾기만 한다면 상자는 열릴 거예요."

쥐방울은 자꾸만 떨리는 목소리를 가다듬으며 대답했어요.

"만일 잘못 누른다면 상자는 열리지 않겠지. 영원히 말이야."

콧수염 해적이 으스스한 목소리로 말하자, 쥐방울은 침을 꿀꺽 삼켰어요.

잠시 침묵이 흐른 뒤, 갈고리 손이 물었어요.

"그렇다면 빈 곳에 들어갈 누름단추는 무엇이냐?"

"그건 생각을 해 봐야 알 수 있어요. 저를 풀어 주신다면 문제를 풀어 볼게요."

해적들은 서로의 얼굴을 마주보며 눈빛을 나누었어요.

'꼬마에게 문제를 풀게 한다고 해서 손해 볼 건 없겠지.'

갈고리 손이 고개를 끄덕였어요.

"좋다. 너를 풀어 주마. 대신 이 상자를 반드시 열어야 한다. 그렇지 않으면 네 살을 발기발기 찢고 뼈는 가루로 만들어 버릴 테니까!"

해적들은 쥐방울의 몸을 묶었던 밧줄을 풀어 주었어요. 쥐방울은 손과 발이 저릿저릿했지만 그런 것에 신경 쓸 겨를이 없었어요. 까닥 잘못하면 목숨이 위태로울 수 있으니까요.

쥐방울은 상자 뚜껑에 적혀 있는 문제를 몇 번이나 읽으면서 그림을 살펴보았습니다.

"여러 가지 색깔과 모양이 섞여 있군. 분홍 별, 파랑 동그라미, 노랑 마름모, 분홍 나누기, 파랑 리본, 노랑 별……."

그러더니 갑자기 손바닥을 짝 쳤어요.

"분홍, 파랑, 노랑, 분홍, 파랑, 노랑……, 이렇게 세 가지 색깔이 반복되고 있어요."

쥐방울은 이번에 별 모양 앞마다 빗금을 그었어요.

"모양은 다섯 가지가 반복되고 있어요. 그러니까 모양은 다섯 묶음씩, 색깔은 세 묶음씩 반복되는 거지요. 그럼 여기에 들어갈 색이 무엇인지 알아봐야 해요. 그 다음에 어떤 모양이 들어가는지 알아보는 거지요. 마지막으로 색깔과 모양을 함께 생각해 봐야 하고요."

쥐방울은 수첩을 꺼내 다섯 가지 모양을 그리고, 세 가지 색깔을 적었어요.

해적 5형제는 숨을 죽이고 쥐방울을 지켜보았어요. 쥐방울이 곧 고개를 들고 해적들을 쳐다보았습니다.

"풀었어요. 빈 곳에 들어갈 누름단추는 바로……."

쥐방울은 '하나, 둘, 셋' 하며 누름단추를 차례로 눌렀습니다. 그러자 달칵 소리가 나며 뚜껑이 열리는 것이었어요!

해적 5형제의 눈이 커졌어요.

쥐방울이 눌렀던 누름단추는 어떤 것이었을까요?

(정답은 책의 마지막 페이지에 있습니다.)

"와, 열렸다!"

해적들은 환호성을 올리며 앞다퉈 상자 안으로 고개를 들이밀었어요. 그런데 상자 안은 텅 비어 있는 게 아니겠어요? 해적들은 몇 번이나 상자 안을 확인했지만, 있는 것이라고는 바닥에 적혀 있는 글귀뿐이었어요.

"이게 뭐야? 아무것도 없잖아!"

아무것도 없잖아!

대머리 해적이 쥐방울의 여린 어깨를 으스러지게 잡고 흔들었지요.

"네놈이 감히 우리를 속이다니! 보물이 어디에 있다는 거냐?"

"저도 몰라요. 정말이에요. 제발 믿어 주세요."

외다리 해적이 칼을 빼 들었어요.

"뜨거운 맛을 보여 줘야겠다. 이놈을 당장에……."

그때 갈고리 손이 진짜 갈고리 손을 치켜들며 소리쳤어요.

"멈춰. 그 꼬마를 내 앞으로 데리고 와라!"

해적들은 쥐방울을 갈고리 손 앞에 끌고 가 세웠지요. 날카로운 갈고리가 햇빛을 받아 매섭게 번득였어요.

쥐방울은 사시나무처럼 몸을 떨었어요.

'이제 끝장이구나. 엄마, 아빠. 이제 저도 하늘나라로 가게 됐어요.'

쥐방울의 눈에서 눈물이 주르륵 흘렀지요. 쥐방울은 두 눈을 감아 버렸어요. 그런데 시간이 지나도 아무 일도 일어나지 않는 거예요. 쥐방울은 살그머니 눈을 떴어요.

그러자 갈고리 손이 입을 열었어요.

"이왕 이렇게 된 일, 여기에 적힌 내용이 뭔지나 알아야겠다. 어쩌면 보물이 숨겨진 곳을 알려 주는 글일지도 모르니까. 꼬마, 이것을 읽어 봐라."

쥐방울은 심호흡을 하고 상자 바닥에 적혀 있는 글을 또박또박 읽어 갔습니다.

"최고의 보물은 지혜이다. 이 상자를 찾고, 이 상자를 연 사람은 지혜로운 사람이다. 바로 그 사람이 보물이다."

그 말을 들은 해적들이 술렁거리기 시작했어요.

"뭐라고? 그게 무슨 말이지? 저놈의 말이 진짜인지 우리가 어떻게 알겠어? 허튼수작하는지도 모르잖아."

"그래. 도망치려고 잔꾀를 쓰고 있어. 상자를 연 사람이 보물이라면 저 쥐방울 같은 놈이 보물이라는 거잖아. 말도 안 돼!"

"약아빠진 놈이다. 당장 없애 버리자!"

그러자 갈고리 손이 벌떡 일어나 소리를 질렀어요.

"다들 조용히 해! 상자에 정말로 그렇게 적혀 있는 건지는 모른다. 어쨌든 이놈은 확실히 쓸모가 있어. 찢어진 지도로 보물을 찾아낸 것도 이놈이고, 상자를 연 것도 이놈이니까. 이 녀석은 앞으로 보물을 찾는 일에 도움이 될지도 모른다."

콧수염 해적이 손가락으로 콧수염을 배배 꼬며 고개를 끄덕였어요.

"두목 말이 맞아. 우리는 용감하고 난폭하지만 영리하지는 않지. 이런 녀석을 우리 곁에 두는 것도 나쁘지 않을 거야. 그러니까 이 녀석을 해적선에 끌고 가자."

쥐방울은 숨이 턱 막혔어요.

'이를 어째? 해적들에게 잡혀가지 않을 방법이 없을까?'

하지만 아무리 머리를 쥐어짜도 좋은 생각이 나지 않았어요. 결국 쥐방울은 해적들 손에 질질 끌려가고 말았습니다.

해적에게도 곱셈은 필요해

쥐방울이 타기 전, 해적선은 아주 지저분했습니다. 온갖 쓰레기들이 굴러다녔고 고약한 냄새가 진동했지요. 하지만 쥐방울이 타고 난 뒤, 해적선의 모습은 달라졌습니다. 쓸고 닦는 것을 좋아하는 쥐방울이 쓰레기들을 보고 그냥 두지 않았거든요.

해적선의 모습을 한번 보세요. 어때요? 정말 깨끗해졌지요?

워낙에 게으르고 지저분한 해적 5형제는 말끔하게 치워진 해적선을 보고 깜짝 놀랐어요. 누가 먼저랄 것 없이 쥐방울을 마음에 쏙 들어 했어요. 해적 5형제는 날마다 빗자루를 들고

해적선 곳곳을 쓸고 닦는 쥐방울을 좋아했습니다. 그래서 쥐방울을 괴롭히는 해적이 아무도 없었어요. 애꾸눈 해적은 쥐방울에게 가끔 눈깔사탕을 쥐어 주었어요. 대머리 해적은 쥐방울에게 해적 노래를 가르쳐 주었고, 외다리 해적은 장난감을 만들어 주었습니다. 콧수염 해적은 쥐방울에게 이 세상의 무시무시한 이야기들을 들려주었어요. 그리고 갈고리 손은 누가 쥐방울을 괴롭히지나 않는지 살폈지요. 해적선에는 오랜만에 평화로운 날이 찾아왔습니다. 쥐방울은 해적들과 함께 지내는 것도 나쁘지는 않다고 생각했어요.

해적선에서 큰 소동이 벌어지기 전까지는 말이에요. 언제나 그렇듯, 큰 소동은 아주 작은 일에서 시작되었습니다. 하지만 정확히 어디에서부터 시작된 것인지는 아무도 몰랐지요.

어쩌면 며칠째 바람이 불지 않아서 소동이 시작된 것일지도 모르고, 열흘째 앓아 온 대머리 해적의 변비에서 시작된 일일지도 몰라요. 콧수염 해적이 장난으로 소금 통에 설탕을 넣었기 때문일지도 모르고, 애꾸눈 해적이 아침 식사로 삶은 달걀을 내놓았기 때문일지도 모르지요. 외다리 해적이 치통에 시달렸기 때문일지도 모르고, 갈고리 손이 몰래 금화를 자기 방으로 옮기다가 금화 한 자루를 갑판에 떨어뜨렸기 때문일지도 모릅니다.

아무튼 바람 한 점 없이 화창한 날 아침, 삶은 달걀에 소금(사실은 설탕)을 뿌려 입에 넣던 외다리 해적이 "악!" 소리를 지르며 일어나다가 대머리 해적의 배를 픽 치고 말았어요. 대머리 해적은 소리를 지르며 화장실로 달려가다가 금화 자루에 걸려 넘어지고 말았지요. 그 바람에 자루가 풀리고 안에 들어 있던 금화가 와르르 쏟아졌어요.

금화를 본 해적들은 금화를 주우려고 우르르 달려들었어요. 한 닢이라도 더 차지할 욕심에 서로

치고 박았어요. 특히 금화 자루를 잃어버려 속상해 하던
갈고리 손은 인정사정 보지 않고 갈고리를 휘두르며 먼저
차지하려고 했지요. 다들 죽어라고 싸웠지만 남의 손에 있는
금화를 빼앗느라, 어느 누구도 금화를 가지지는 못했습니다.

그 모습을 지켜보던 쥐방울은 양 손을 입가에 대고 소리를
꽥 질렀어요.
"모두들 그만들 하세요!"
그러나 해적들의 귀에 쥐방울의 목소리는 들리지
않았어요.
쥐방울은 상자 위로 올라가 커다란 숟가락으로
프라이팬을 힘껏 두들겼습니다.
"땡, 땡, 땡!"

그제야 해적들은 엉거주춤한 자세로 싸움을 멈추고 쥐방울을 쳐다보았어요.

"그만들 하세요. 이렇게 싸우기만 하면 서로 다칠 뿐, 어느 누구도 금화는 갖지 못할 거예요."

"싸우지 않으면 어떻게 금화를 가질 수 있겠냐? 원래 제일 잘 싸우는 사람이 보물을 차지할 수 있는 거다."

싸움을 제일 잘하는 갈고리 손이 금화를 들어 올리며 기세등등하게 말했어요.

"공평하게 나누면 돼요. 그러면 다치지 않고 모두 금화를 가질 수 있어요."

쥐방울이 딱 부러지게 말했어요.

"흠, 그것도 나쁘지 않을 것 같은데? 쥐방울 말대로 하자!"

싸움을 제일 못하는 콧수염 해적이 얼른 동의했어요. 다른 해적들도 고개를 끄덕이기 시작했지요. 이렇게 싸우다가 크게 다치기만 하고, 금화는 몇 닢밖에 못 가졌던 적이 많았거든요.

'금화 자루를 떨어뜨리지만 않았어도 나 혼자 다 가질 수 있었을 텐데, 아깝다. 어쨌든 내가 아무 말 안 하고 있으면 부하들이 날 의심하겠지? 내가 금화를 빼돌리려 했다는 사실을 눈치챌지도 몰라.'

생각에 잠겨 있던 갈고리 손이 볼멘소리로 입을 열었어요.

"그래, 공평하게 나눠 갖자."

그런데 해적들은 팔짱만 끼고 쥐방울만 쳐다볼 뿐이었어요. 한 번도 나누어 본 적이 없었기 때문이에요. 해적들은 어떻게 나누어야 할지 몰랐어요.

아무래도 쥐방울이 직접 나서야 할 것 같았어요.

"자루 다섯 개 가지고 오세요. 구멍이 뚫려 있지 않은 걸로요."

쥐방울의 말이 떨어지기가 무섭게, 해적들이 자루 5개를 후다닥 가져왔어요.

쥐방울은 금화를 자루 5개에 고르게 나누어 담기 시작했어요. 해적들은 그런 쥐방울의 모습을 날카로운 눈빛으로 쳐다보았어요.

쥐방울은 5명의 해적에게 금화 8닢씩 주었어요. 그러자

3닢이 남았어요.

애꾸눈 해적이 자루를 보며 투덜거렸어요.

"이상하다. 자루에 100닢도 넘게 있었던 것 같은데 왜 8닢밖에 못 가지는 거야?"

쥐방울이 설명했어요.

"다른 것과 섞여 있어서 많아 보였던 것뿐이에요. 금화는 모두 43닢이에요."

"뭐라고? 그것밖에 안 된단 말이야?"

갈고리 손은 실망이 이만저만이 아니었어요.

콧수염 해적이 멍한 표정을 짓고 있다가 물었어요.

"그런데 너는 세 보지도 않고 어떻게 아는 거냐?"

"곱셈으로 계산했기 때문이에요."

"고쌤? 괴씸이란 말은 알아도 고쌤이란 말은 처음 듣는걸?"

외다리 해적이 머리를 긁적이며 물었어요.

쥐방울은 외다리 해적의 말에 웃음이 터질 뻔한 것을 간신히 참았습니다.

쥐방울은 진지한 얼굴로 말했어요.

"고쌤이 아니라 곱셈이라고 해요. 곱셈이란 묶어서 수를 세는 방법이에요. 금화를 잠깐만 줘 보세요. 직접 보여 드리면서 설명해 줄게요."

해적들은 잠시 머뭇거리다가 쥐방울에게 금화를 다시 주었습니다. 다른 해적들의 금화와 자신의 금화가 섞일까 봐 조심조심하면서 말이에요.

쥐방울은 해적들이 내민 금화를 가지고 설명하기 시작했어요.

"자, 여기 금화가 8닢씩, 다섯 묶음이 있지요?
이건 8을 5번 더한 것과 마찬가지예요.

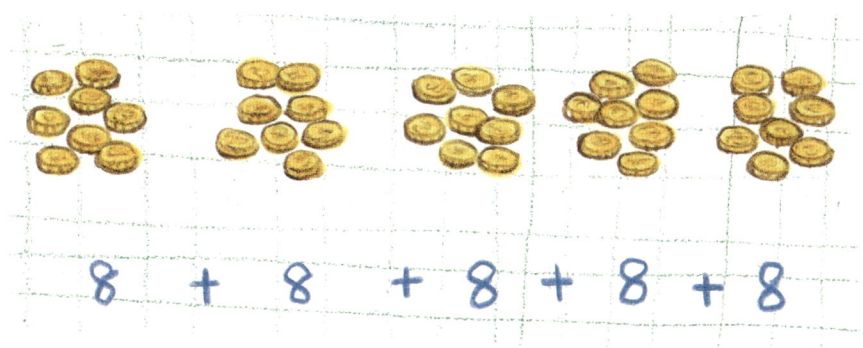

8씩 5묶음은 '8의 5배' 또는 '8 곱하기 5'라고 표현하고 '8×5'로 적어요.

8의 5배는 40이에요. 그런데 남은 금화가 3닢이니 '40+3=43'이지요."

하지만 해적들은 이해가 안 되는지 아리송한 표정을 짓고 있었어요.

쥐방울은 식탁 위에 있던 과자를 가지고 다시 설명을 했어요.

"이 과자를 2개씩 묶어 보세요."

해적들은 쥐방울의 말에 따라 과자를 2개씩 묶었어요. 그러니까 모두 3묶음이 되었지요.

"잘 보세요. 이건 '2의 3배', 즉 '2+2+2'이지요. 그리고 '2×3'과 같으니까 6이에요."

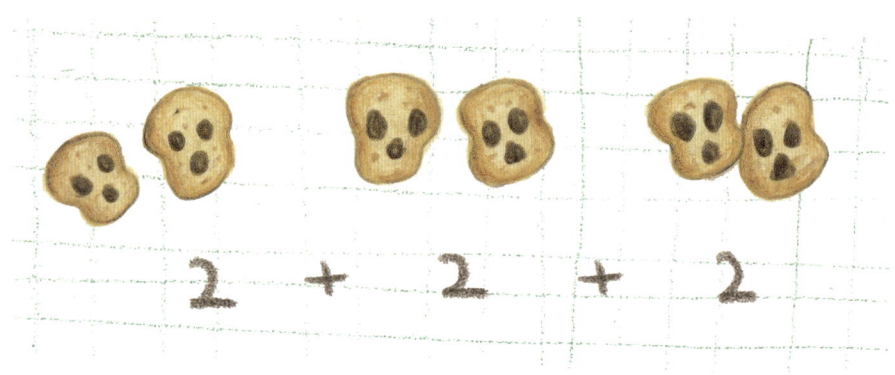

해적들은 과자를 하나하나 세어 보았습니다.

"어, 정말이네? 6이야."

"그것 참 편리한걸."

"곱셈을 알면 5개씩 6줄로 늘어선 크림빵이 모두 몇 개인지, 술병이 4개씩 담긴 상자가 7개 있으면 모두 몇 병인지 금방 알 수 있어요. 세어 보지 않아도 말이에요."

"오, 정말 신기한걸. 나도 한번 해 볼까?"

해적들은 열심히 곱셈을 배웠어요.

해적들은 글자는 모르지만 돈 계산을 많이 해 왔기 때문에, 숫자도 잘 알고 덧셈도 아주 잘했어요. 그래서 곱셈도 금방 배웠지요.

특히 콧수염 해적이 곱셈을 잘했어요.

"와, 이거 재미있는걸? 쥐방울, 다른 문제로 곱셈을 더해 보자꾸나."

쥐방울이 웃으며 말합니다.

"그래요? 이번에는 살짝 함정을 넣어 볼 테니 풀어 보세요."

"함정이라고? 구멍을 판다는 말이냐?"

덫을 놓는 것이라면 최고인 외다리 해적이 흥미를 보였습니다.

"음, 비슷해요. 문제에 빈칸을 넣을 테니, 빈칸에 들어갈 수를 알아맞히면 되거든요. 제가 금화 30닢을 6닢씩 나눠 드린다면 모두 몇 명에게 나눠 드릴 수 있을까요?"

"뭐라고? 네게 금화 30닢이 있다고?"

갈고리 손이 화들짝 놀라 물었어요.

"하하, 진짜 그런 게 아니고요, 문제일 뿐이에요. 제게 금화가 있을 리 있나요."

콧수염 해적이 코웃음을 치며 말했습니다.

"두목. 잘 모르면 가만히 있어요. 이 봐, 쥐방울. 6을 몇 배하면 30이 되는지 알아맞히는 문제지?"

쥐방울이 웃으며 고개를 끄덕였어요.

"맞아요, □가 있는 곱셈식을 만들어 문제를 해결하면 돼요. 이렇게 말이에요.

$6 \times \square = 30$."

"알겠다, 알겠어. 이제부터 내가 해 보마."

대머리 해적이 신이 나서 쥐방울의 연필을 빼앗아 문제를 풀기 시작했어요.

"흠, 먼저 금화 30닢을 그려야지. 그리고 이걸 6개씩 묶으면……."

대머리 해적이 콧노래를 부르며 말을 이었어요.

"5묶음이다. 금화 30닢을 6닢씩 나눠 준다면 모두 5명에게 나눠 줄 수 있겠군. 그러고 보니 우리가 5명이잖아?"

"네, 맞아요. 만약 금화 30닢이 있다면 아저씨들께 6닢씩 나눠 드릴게요. 꼭이요."

쥐방울이 대답했어요.

그러자 외다리 해적이 감격에 겨워 눈시울을 붉혔어요.

"쥐방울, 너는 정말 좋은 녀석이다."

갈고리 손도 고개를 끄덕였지요.

"그래. 너는 좋은 녀석이다. 착해서 이걸 상으로 주마."

갈고리 손이 쥐방울에게 남은 금화 3닢을 주었어요.

쥐방울은 반짝이는 금화를 받고 기뻐했어요. 해적들에게 잡혀 올 때 무섭기만 했는데, 이런 좋은 일이 생기다니요. 쥐방울은 이게 진짜인지 믿어지지 않았어요.

몹시도 잔인한
붉은 수염 해적선

쥐방울은 오늘도 쓱쓱 싹싹 쓸고 닦고 있어요. 움직일 때마다 주머니에 들어 있는 금화가 짤랑거렸어요. 쥐방울은 흥에 겨워 콧노래가 저절로 나왔습니다.

"금화 한 닢으로 과자를 사고, 한 닢으로 장난감을 사야지. 나머지 금화 한 닢으로는…… 음, 금화 한 닢으로는 뭘 할까?"

쥐방울이 금화 세 닢을 어디에 쓸지 고민하고 있는데, 망을 보고 있던 대머리 해적의 소리가 들려왔어요.

"배다! 배! 당장 키를 돌려 따라잡자!"

붉은 돛을 단 배가 다가오고 있었어요.

갈고리 손이 망원경으로 배를 살펴보고는 환호성을 질렀어요.

"오, 제법 큰데? 분명 값비싼 물건들을 잔뜩 싣고 있을 거다. 비단옷이랑 진주 목걸이도 있겠지? 왕에게 바칠 금은보화를 싣고 있을지도 모르지. 자, 전속력으로 돌진하라!"

기대에 부풀은 해적들은 전속력으로 배의 키를 돌렸지요.

앗, 그런데 이럴 수가!

붉은 돛을 단 배는 해적선이었어요. 쥐방울이 타고 있는 해적선보다 훨씬 클 뿐만 아니라, 무기도 더 많고 해적들 수도 많아 보였어요.

"아니, 저 배는 세상에서 가장 잔인한 붉은 수염의 해적선이다! 해적들조차 다들 두려워하는 놈이지. 잔인한 것도 최고이지만 비겁한 것도 최고군. 비겁하게 해적 깃발을 달지 않다니, 어서 키를 돌려라. 젖 먹은 힘까지 짜내서 전속력으로 도망쳐야 한다! 저놈에게 걸렸다 하면 어느 누구도 살아 돌아갈 수 없어!"

쥐방울도 땀을 뻘뻘 흘리며 노를 저었어요. 그러나 붉은 돛을 단 배는 어느새 성큼 다가오고 말았습니다.

결국 해적 5형제와 쥐방울은 밧줄에 꽁꽁 묶여 붉은 수염 앞에 끌려왔어요.

붉은 수염의 모습은 정말 무시무시했답니다. 뺨에 깊이 파인 흉터가 길게 나 있었고, 눈에는 활활 타오르는 불처럼 핏발이 시뻘겋게 서 있었어요. 시커먼 콧털이 비죽비죽 나와 있고, 이빨은 며칠, 아니 몇 달을 안 닦았는지 새카맣게

썩어서 입 냄새가 지독했지요. 한 번도 씻지 않아 수염에는 때가 덕지덕지 흐르고 음식 찌꺼기도 붙어 있었습니다.

붉은 수염은 해적 5형제의 보물을 몽땅 빼앗고 큰 소리로 비웃었어요.

"너희들같이 멍청한 놈들은 한 번도 본 적이 없다. 크하하하! 감히 이 붉은 수염의 배를 향해 돌진하다니. 말미잘처럼 멍청한 놈들이로군. 여봐라. 이놈들의 엉덩이를 100대씩 때려라."

그러자 갈고리 손이 버럭 화를 냈어요.

"무슨 소리냐? 우리 보고 멍청하다니? 우리는 곱셈도 할 줄 안다."

붉은 수염이 두꺼운 뱃살을 출렁이며 웃었어요.

"하하하, 멍청한 얼굴로 그런 말을 하니 웃겨 죽겠구나. 너희들이 곱셈을 할 줄 안다면 나는 곱셈 할아버지도 할 수 있다. 자, 봐라."

붉은 수염이 숨도 쉬지 않고 구구단을 외웠어요.

"어떠냐? 나처럼 수학을 잘하는 해적은 아마

없을 거다. 우하하하!"

 붉은 수염이 잔뜩 뻐기며 터질 것 같은 배를 쑥 내밀었습니다.

 붉은 수염이 구구단을 잘잘 외우자, 해적 5형제의 얼굴이 굳어졌어요. 아무렇지도 않은 얼굴을 하고 있는 것은 쥐방울뿐이었지요.

 쥐방울이 또랑또랑한 목소리로 말했어요.

 "저도 구구단은 얼마든지 외울 수 있어요. 하지만 구구단을 다 외우고 있다고 해서 수학을 잘하는 건 아니에요."

 그러자 붉은 수염이 웃음을 뚝 그쳤습니다. 지금까지 붉은 수염에게 그렇게 말한 사람은 아무도 없었으니까요. 붉은 수염이 구구단을 외우면 모두들 감탄을 하며 우레 같은 박수를 쳐 댔거든요.

 붉은 수염의 얼굴이 붉으락푸르락해지고 수염이 바르르 떨렸어요.

 "이 쥐방울만 한 녀석이 방금 뭐라고 지껄인 게냐?"

쥐방울은 겁이 났지만, 붉은 수염을 똑바로 바라보았어요.

"수학을 잘하려면 구구단뿐 아니라 식도 잘 세워야 해요."

쥐방울의 용감한 행동에 힘을 얻은 해적 5형제도 한마디씩 거들었어요.

"그래, 맞아. 수학에서 제일 중요한 것은 식을 세우는 거야."

"식을 세우는 건 우리 쥐방울을 따라갈 자가 없지. 덧셈, 뺄셈, 곱셈, 뭐든 다 할 수 있어."

"맞아, 구구하는 비둘기를 100마리 외운다고 해도 식을 못 세우면 꽝이지 뭐."

"구구는 나도 할 수 있다. 봐라. 구구, 구구, 구구. 구구단이라는 거 별거 아니네."

붉은 수염이 눈을 가늘게 뜨고 숨을 깊이 들이마셨어요. 그 모습을 본 붉은 수염의 부하들은 침을 꿀꺽 삼켰지요.

눈을 가늘게 뜨고 숨을 깊이 들이마신다는 것은 붉은 수염이 화가 많이 났다는 뜻이었거든요. 그리고 아주아주 무시무시한 생각을 하고 있다는 뜻이기도 했지요.

붉은 수염이 잇새로 으르렁거리듯 말했어요.

"식을 세우는 거라면 나도 지지 않아. 내기를 해도 좋다!"

쥐방울이 때를 놓치지 않았어요.

"좋아요. 그럼 내기를 해요. 만일 제가 이긴다면 저희들을 풀어 주고 보물도 돌려주세요."

붉은 수염의 눈이 음흉하게 번쩍였지요.

"좋다. 하지만 만일 내가 이긴다면 네놈들을 몽땅 물고기 밥으로 만들어 버릴 테다. 여봐라, 어서 종이와 연필을 가지고 와라. 그리고 저 쥐방울만 한 놈만 풀어 주고 나머지 놈들은 꽁꽁 묶어 놔라. 그래야 바다에 던지기가 쉬울 테니까."

해적 5형제는 공포에 질려 비명을 꽥 질렀어요.

"물고기 밥이 되느니, 차라리 엉덩이를 100대 맞는 게 더 나아."

쥐방울이 떨고 있는 해적 5형제에게 자신 있게 말했어요.

"걱정 마세요. 엉덩이를 맞지도 않을 거고, 물고기 밥이 되지도 않을 테니까요."

세상에서 제일 오싹한
수학 내기, 1차전

이렇게 해서 그 이름도 유명한, 붉은 수염과 쥐방울의 대결이 시작되었습니다.

"서로 문제를 내서 그 문제를 못 푸는 자가 지는 것이다. 어떤 문제이건 상관없다!"

두 사람은 서로 등을 맞대었습니다.

"대장님, 어서 저 건방진 놈들을 바다에 던져 버리자고요!"

붉은 수염의 부하들이 기세등등하게 소리를 질렀어요.

"쥐방울, 함정을 파. 함정을 100개 정도 파라고."

밧줄에 묶인 해적 5형제도 쥐방울을 응원했지요.

붉은 수염이 갑자기 소리를 버럭 질렀어요.
"시끄러! 모두들 입 닥치라고!"
쥐방울도 부탁을 했어요.
"조용히 좀 해 주세요. 그래야 문제를 만들 수 있거든요."
해적들은 모두 입을 다물고 숨죽이며 두 사람을 지켜보았어요.
잠시 후 붉은 수염이 손을 치켜들었어요.
"난 다 됐다. 이봐, 꼬마, 아직 멀었냐?"
"저도 준비됐어요."
쥐방울이 연필을 내려놓았어요.

붉은 수염은 자신만만한 표정으로 쥐방울을 흘낏 쳐다보았어요. 그리고 먼저 자신이 만든 문제를 큰 소리로 읽었어요. 붉은 수염의 입에서 침이 폭죽처럼 터져 나왔어요.

내가 빼앗은 돈으로 700원짜리 칼을 사고, 600원짜리 도끼를 샀더니 400원이 남았다. 내가 빼앗은 돈은 모두 얼마냐?

그러자 해적 5형제가 야유를 보냈어요.

"네놈이 돈을 얼마나 빼앗았는지 쥐방울이 어떻게 아냐? 속이 시커먼 놈 같으니라고."

"역시 비겁한 놈이다. 처음부터 저런 놈과 내기를 하는 게 아니었어."

이에 질세라 붉은 수염의 부하들도 소리를 질렀어요.

"역시 대장님이셔! 쥐방울만 한 놈이 대장님의 주머니를 들여다보지 않고서야 어떻게 대장님이 가지고 있던 돈을 알겠어? 으하하!"

쥐방울은 문제를 생각하고 또 생각했어요.

"제일 먼저 무엇을 묻는 문제인지 알아야 해. 이때 모르는 수를 기호로 나타내 보면 이렇게 되지."

쥐방울은 수첩에 식을 썼어요. 그리고 자기가 쓴 것을 들여다보더니 손가락을 딱 튕겼어요.

"이건 거꾸로 생각해서 풀어야 하는 문제야."

해적 5형제가 어리둥절한 표정을 지었어요.

"거꾸로 생각한다고? 그럼 물구나무서기를 해야 하는 거야?"

쥐방울이 고개를 저었어요.

"그게 아니고요. 남은 돈에서 시작해 순서를 되짚어 가면, 처음 가진 돈이 얼마인지 알 수 있어요. 이게 거꾸로 생각해서 푸는 문제예요. 거꾸로 생각할 때 주의할 점은 덧셈으로 얻은 수는 뺄셈으로, 뺄셈으로 얻은 수는 덧셈으로 계산하는 거예요."

그렇게 말하며 쥐방울은 식을 쓱쓱 써 내려갔지요.

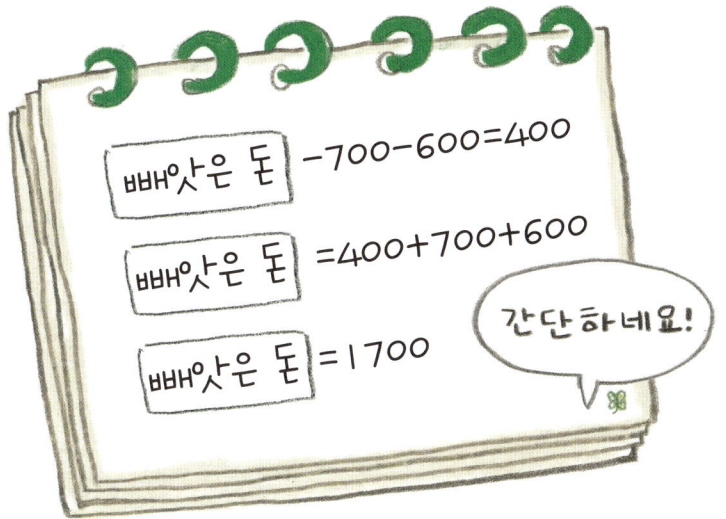

'흠……, 제법이로군.'

붉은 수염이 수염을 쓰다듬었어요.

"쥐방울, 이제 네 차례다."

붉은 수염이 소리쳤습니다.

쥐방울은 차분한 표정으로 붉은 수염에게 또박또박 문제를 말해 주었어요.

> 무인도에 온 해적이 보물 상자에서 금화 5닢, 은그릇 2개, 진주 7개를 꺼내 바닷가에 묻었습니다. 해적은 주변을 살펴보다가 절벽에 있는 동굴 속으로 들어가 금화 1닢, 은그릇 4개, 진주 1개를 꺼내 숨겼습니다. 동굴에서 나온 해적은 산으로 올라가 산꼭대기에 금화 3개, 은그릇 5개, 진주 8개를 다시 묻었습니다. 해적이 배로 돌아왔을 때에는 보물 상자에 진주 3개만 남았습니다.

자, 이제 문제를 드릴게요.

"해적이 동굴에 왔을 때 보물 상자 안에 각각의 보물이 몇 개씩 있었습니까? 처음 보물 상자에는 각각의 보물이 몇 개씩 있었습니까?"

해적 5형제는 휘파람을 불며 낄낄 웃었어요.

"역시 쥐방울이다. 아무도 몰래 무인도에 숨겨 놨는데 어떻게 보물의 개수를 알 수 있겠냐? 역시 우리와 지내더니 저 녀석도 해적이 다 됐어."

붉은 수염은 콧구멍을 벌름거리며 씩씩거렸어요.

"흥, 얕잡아 봤는데 제법이군. 하지만 이깟 일로 질 내가 아니지!"

붉은 수염은 표를 그리기 시작했습니다.

	금화	은그릇	진주
바닷가에 숨긴 개수	5	2	7
동굴에 숨긴 개수	1	4	1
산꼭대기에 숨긴 개수	3	5	8
남은 개수	0	0	3
보물 상자에 있던 개수	9	11	19

"이것도 거꾸로 생각하면 쉽게 풀리지. 자, 어떠냐?"

붉은 수염이 연필을 내려놓으며 두 손을 탁탁 털자, 붉은 수염의 부하들이 함성을 지르며 박수를 쳤어요.

"역시 대장님이 최고라니까. 자, 어떠냐? 꼬맹이! 지금이라도 늦지 않았으니 손이 발이 되도록 빌어라."

다시 붉은 수염이 두 번째 문제를 냈습니다.

요리사는 키잡이보다 금화를 5닢 더 적게 가지고 있다. 나는 키잡이보다 12닢을 더 가지고 있다. 쥐방울은 요리사보다 3닢 더 적게 가지고 있다. 나는 금화를 50닢을 가지고 있다. 누가 금화를 제일 많이 가지고 있을까? 그리고 쥐방울은 금화를 몇 닢 가지고 있을까?

"이건 말도 안 돼. 함정밖에 없잖아. 이런 걸 어떻게 풀 수 있다는 거냐? 너무하는 거 아니냐!"

해적 5형제가 항의를 했지만, 쥐방울은 차근차근 풀어 가기 시작했습니다.

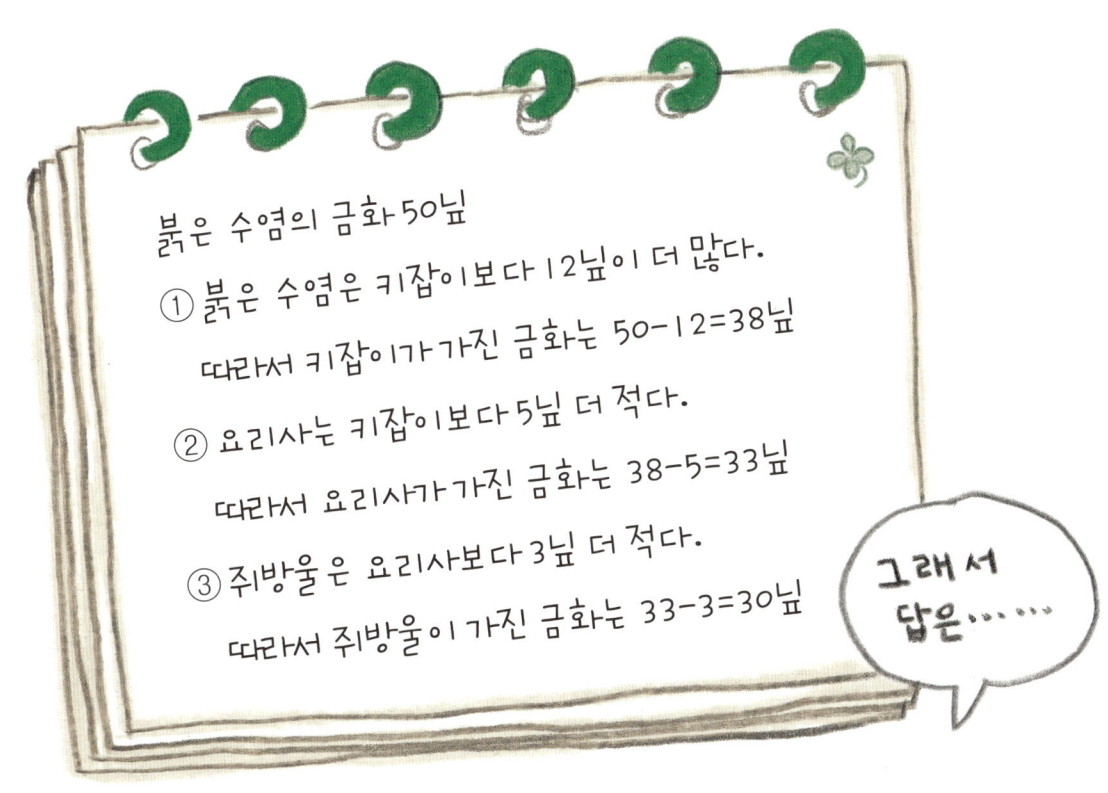

"나는 금화 30닢을 가지고 있고요. 금화를 제일 많이 가지고 있는 사람은 붉은 수염이에요."

쥐방울이 문제를 풀자, 해적 5형제는 서로 얼싸안고 환호했어요.

"야, 수학이라는 게 축구보다 흥미진진하고 스릴 넘치는걸."

다시 쥐방울이 문제를 낼 차례예요.

나는 크림빵을 7상자 준비했습니다. 1상자에는 크림빵이 4개씩 들어 있습니다. 해적들에게 3상자를 주었다면, 남은 크림빵은 모두 몇 개일까요?

해적들이 배가 고픈지 입맛을 다셨어요.

"오, 정말 좋은 문제야. 크림빵을 3상자나 준대. 정말 배 터지게 먹을 수 있겠군."

"멍청이 같은 놈들, 머리를 써서 문제를 풀어야 할 때에 먹을 생각이나 하고 있다니."

붉은 수염은 흥 하고 콧방귀를 뀌고는 문제를 풀기 시작했어요.

'원래 있던 크림빵의 개수를 알아야겠다. 몇 개씩 몇 묶음인지 알아봐야겠어.'

그런데 붉은 수염의 뱃속에서 꼬르륵 소리가 났어요. 붉은 수염은 배를 쓰다듬으며 군침을 흘렸어요.

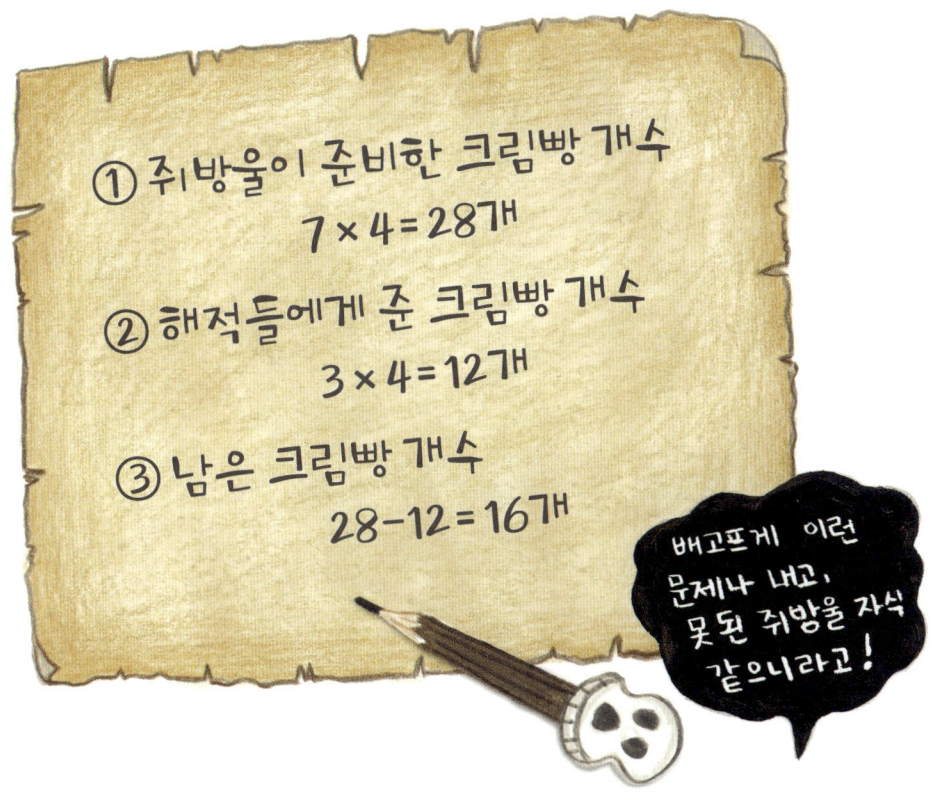

마침내 붉은 수염이 연필을 내려놓았습니다.

"흥, 이렇게 쉬워서야."

붉은 수염과 쥐방울은 문제를 열심히 내고 또 푸느라 머리에서 김이 나는 것 같았어요. 붉은 수염과 쥐방울의 이마와 콧잔등에 구슬땀이 송글송글 맺혔지요.

붉은 수염이 생각했어요.

'만만한 상대가 아니야. 작전을 다시 세워야겠어.'

붉은 수염이 외쳤어요.

"1차전은 끝, 10분간 쉬었다가 2차전을 시작한다."

세상에서 제일 오싹한
수학 내기, 2차전

 쉬는 시간이 되자, 부하들이 붉은 수염의 어깨를 주무르고, 부채를 부치고, 얼음이 가득 든 오렌지 주스를 가져다 주며 야단법석을 떨었어요.

 쥐방울은 조금 떨어진 곳에 혼자 앉아 생각에 잠겨 있었지요.

 그 모습을 본 해적 5형제는 발만 동동 굴렀어요.

 "이렇게 묶여 있지만 않았다면 쥐방울의 발가락을 쪽쪽 빨며 칭찬을 해 줬을 텐데."

 "그러게 말이야. 저런 시시한 주스가 아니라 상어 지느러미 주스를 만들어 줬을 거야."

마침내 쉬는 시간이 끝나고 2차전이 시작되었습니다.

붉은 수염이 쥐방울에게 으름장을 놓았어요.

"이번에는 확실하게 끝장을 내 주마."

붉은 수염과 쥐방울은 다시 어려운 문제를 만들어 내려고 머리를 쥐어짰습니다. 붉은 수염의 수염이 빳빳하게 일어서고 머리에서 김이 모락모락 피어올랐어요.

쥐방울의 뺨은 발갛게 달아올랐지요.

해적들은 조마조마한 마음으로 두 사람을 지켜보았습니다.

30분이나 지나자, 붉은 수염과 쥐방울이 동시에 말했어요.

"다 만들었다."

붉은 수염이 낸 문제에는 그림도 곁들여 있었어요.

쥐방울은 붉은 수염이 낸 문제를 꼼꼼하게 읽었어요. 혹시 한 글자라도 놓칠까 봐 몇 번이나 다시 읽었지요.

잔치에 온 동물들의 다리 개수는 모두 몇 개일까? 그리고 새들이 모두 가 버렸다면 남아 있는 동물의 다리는 모두 몇 개일까? 이때 동물의 다리는 모두 정상으로 달려 있다.

"저기 저 해적놈처럼 다리 한 짝이 없거나 하지는 않지."

붉은 수염이 외다리 해적을 비웃자, 해적 5형제가 분해서 이를 부득부득 갈았어요.

"오호, 대장님, 동물들을 겹치게 그려놔서 다리를 잘 안 보이게 한 건 정말 잘하셨어요. 저러면 다리를 셀 수 없으니 쥐방울이 질 게 뻔하군요. 역시 세상에서 제일 비겁하신 대장님이십니다."

붉은 수염의 부하들이 낄낄댔어요.

해적 5형제는 비참한 얼굴로 아랫입술을 꽉 깨물었지요. 잘 보이지도 않게 그려 놓은 동물들의 다리를 세는 건 아무래도 힘들어 보였거든요.

'이제 끝장이로군.'

이렇게 생각한 해적 5형제는 울고 싶어졌어요.

그런데 쥐방울은 아무렇지도 않아 보였습니다. 쥐방울은 다리의 개수를 세지 않고, 그림에 나와 있는 동물들의 수를 세기 시작했어요. 무조건 세는 게 아니라 동물들을 분류하며

다리 2개	다리 4개	다리 6개	다리 8개
타조	코끼리	무당벌레	거미
홍학	소	개미	
부엉이	돼지		
참새	개		
오리	개구리		
	쥐		
총 5마리	총 6마리	총 2마리	총 1마리
2×5=10개	4×6=24개	6×2=12개	8×1=8개

여기서 새들(타조, 홍학, 부엉이, 참새, 오리)을 빼고
남은 동물들의 다리 수를 모두 더하면
$$24+12+8=44개$$

세는 것이었어요.

쥐방울이 가뿐하게 문제를 풀자, 해적 5형제는 다리를 구르며 환호성을 질렀어요. 너무 기뻐서 자신들이 포로로 잡혀 있다는 사실조차 까맣게 잊고 춤추려고 했어요. 물론 밧줄에 꽁꽁 묶여 있으니 춤을 추지는 못했지만요.

붉은 수염의 얼굴이 파랗게 질렸어요.

'이렇게 어려운 문제를 다 풀다니. 보통이 아닌걸.'

바짝 긴장한 붉은 수염은 쥐방울이 낸 문제를 휙 읽었어요.

멋쟁이 해적은 3종류의 셔츠, 4종류의 바지, 2종류의 신발을 가지고 있다.
멋쟁이 해적이 서로 다르게 옷을 입고 신발을 신을 수 있는 방법은 모두 몇 가지일까?

붉은 수염이 한쪽 입꼬리를 올리며 야비하게 웃었어요.

해적 5형제는 불안에 떨었지요.

"문제가 너무 간단해."

"그러게 말이야. 너무 쉬운 거 아니야? 바지만 바꿔 입어도 4가지잖아?"

"다 더하면 9가지일 거야."

붉은 수염은 셔츠와 바지와 신발을 요리조리 바꿔 가며 멋쟁이 해적이 옷 입는 방법을 연구했어요. 그러더니 자신 있게 종이를 내밀었지요.

"자, 이게 답이다."

그런데 쥐방울이 웃으며 이렇게 말하는 게 아니겠어요?

"아니에요. 그건 틀린 답이에요."

붉은 수염이 씩씩거리며 대들었어요.

"뭐라고? 그럴 리가 없어. 이 그림을 좀 보라고!"

"자, 제가 푸는 걸 보세요. 12가지보다 훨씬 많으니까요."
쥐방울이 수첩에 그림을 그리며 설명하기 시작했어요.

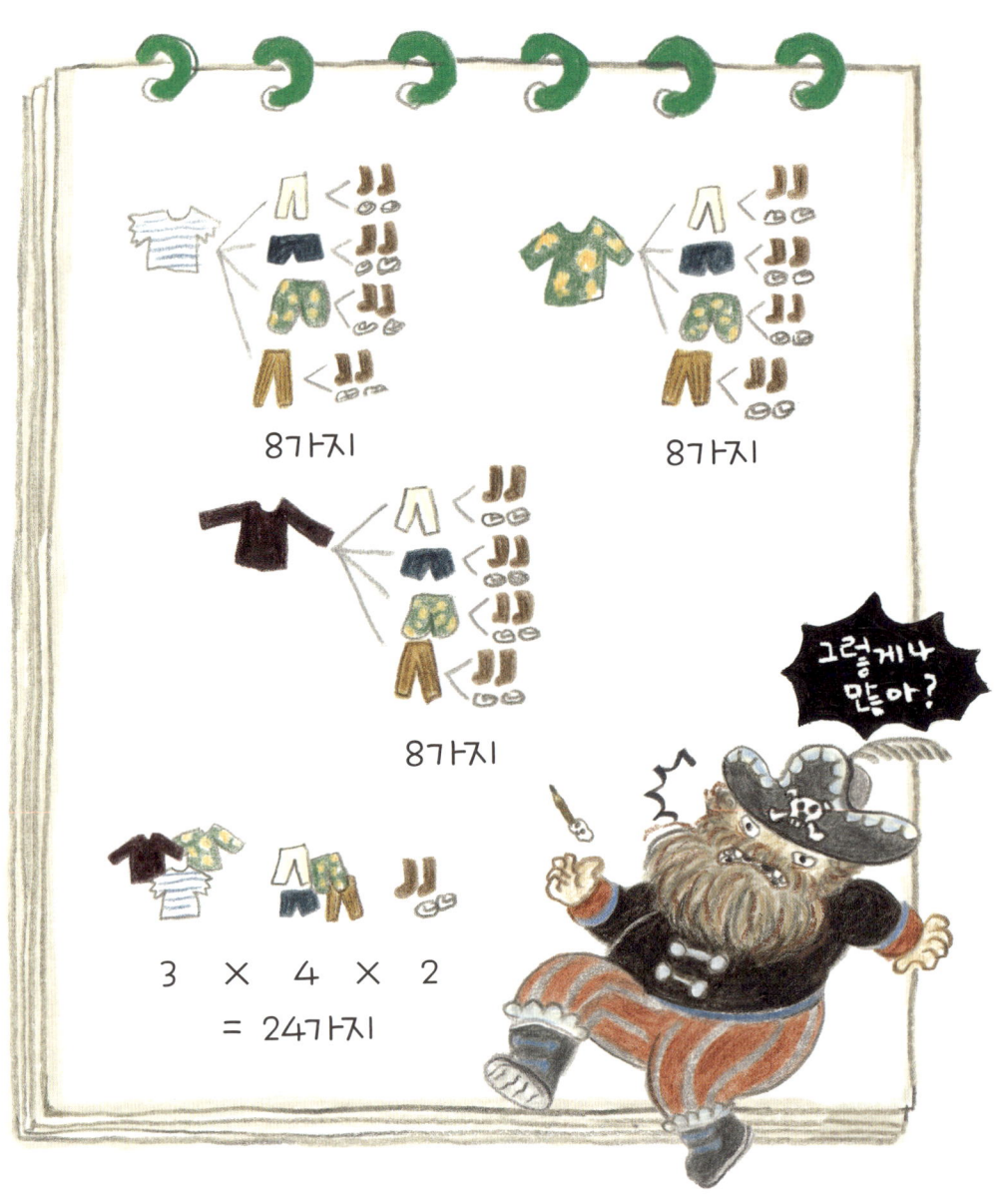

셔츠 1개에 바지 4가지, 신발 2가지를 입을 수 있어요. 식으로 나타내면 다음과 같아요.

$$1 \times 4 \times 2 = 8 가지$$

셔츠가 모두 3가지이니까 모든 것을 입을 수 있는 방법은 식으로 이렇게 나타낼 수 있어요.

$$3 \times 4 \times 2 = 24 가지$$

그러니까 모두 24가지예요.

붉은 수염은 입을 쩍 벌리고 쥐방울의 말만 듣고 있었어요.

"자, 제가 이겼죠? 이제 약속대로 저희들을 풀어 주세요. 그리고 보물도 돌려주시고요."

쥐방울이 당당하게 요구했어요.

해적 5형제도 붉은 수염의 부하들에게 거만하게 명령했지요.

"이봐, 멍청이들. 뭐 하고 있어? 어서 이 밧줄이나 풀라고."

부하들은 붉은 수염의 눈치를 슬금슬금 보며 밧줄을 풀려고 했어요. 아무리 포악하고 야비한 해적이라도 내기를 건 약속을 지키는 것이 해적의 법이거든요.

그런데 갑자기 붉은 수염이 책상을 쾅 내리치며 소리를 지르는 거예요.

"멈춰!"

그 무시무시한 소리에 모두들 얼음처럼 얼어붙고 말았어요.

붉은 수염은 모두가 보는 가운데 갑판 아래로 내려가 해골의 머리가 그려진 문 앞에 섰어요. 그리고 품속에서 열쇠를 꺼내 잠겨 있던 문을 열었지요. 끼익 소리를 내며 문이 열렸는데, 문 안쪽은 괴물의 입속처럼 검은 어둠에 가려져 아무것도 보이지 않았어요.

붉은 수염은 송골매처럼 매서운 눈초리로 쥐방울을 노려보며 말했어요.

"날 따라와라."

해적 5형제가 발버둥을 치며 소리를 질렀어요.

"따라가면 안 돼, 쥐방울. 저놈은 너를 토막 내 버리려는 거야."

"나쁜 놈, 해적의 약속을 깨뜨리다니."

쥐방울은 어찌할 바를 몰랐어요. 붉은 수염을 따라 갑판 아래로 간다면 무서운 일이 일어날 것 같았어요. 가만히 있는다고 해도 상황이 좋아질 거 같지 않았어요.

쥐방울은 마음을 굳히고 용감하게 일어나 갑판 아래로 내려갔어요.

쥐방울이 가까이 오자, 붉은 수염의 입가에 희미한 미소가 떠올랐어요. 그 미소 때문에 붉은 수염이 더욱 오싹해 보였어요.

"너는 덩치 큰 겁쟁이들보다 훨씬 용감하군. 좋아, 안으로 들어가거라."

붉은 수염이 쥐방울의 등을 밀며 말했어요. 쥐방울은 붉은 수염에게 떠밀려 안으로 들어갔습니다.

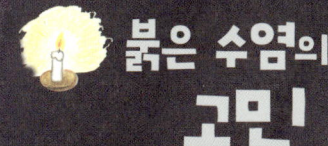

붉은 수염의 고민

"달칵."
붉은 수염이 불을 켜자, 쥐방울의 눈이 휘둥그레졌어요.
방 안에는 책장마다 책이 가득 꽂혀 있고 바닥에도 수북이
책이 쌓여 있었거든요. 여기를 보아도 책, 저기를 보아도
책이었어요.

"나의 최고 보물 창고인 서재다. 어떤 녀석도 이곳에 들어오지 못했지. 왜냐하면 이 책들이 내 힘의 비밀이니까 말이다."

붉은 수염이 자랑스럽게 책들을 쓰다듬었어요.

쥐방울은 조심스럽게 책들을 둘러보았어요. 과학, 역사, 항해, 천문학, 수학, 소설 등 갖가지 책들이 잔뜩 있었어요.

"그런데 말이다. 얼마 전부터 책들이 없어지기 시작하는 거다. 한 달 전《빨간 내복의 초능력자》라는 책을 읽으려고 했는데 아무리 찾아도 보이지 않더구나. 혹시나 다른 곳에 두었나 싶어 샅샅이 찾았지만 헛일이었지. 그리고《몹시도 수상쩍은 과학교실》이라는 책도 사라져 버렸어.

한 권씩 안 보이더니 어제는《수학빵》이라는 책도 사라졌지 뭐야? 범인을 잡으려고 했지만 얼마나 약삭빠른 녀석인지 도대체 잡을 수가 없었어. 밤낮으로 문을 지켰지만, 놈은 코빼기도 안 보였지. 이놈을 잡기만 하면 묵사발로 만들려고 했는데 말이야."

붉은 수염은 흥분하여 두 주먹을 불끈 쥐었어요.

쥐방울은 고개를 갸우뚱했어요.

'책을 훔쳐 가는 해적이라고? 금화나 보석이라면 몰라도 책을 훔치는 해적이 있다니, 그런 얘기는 들어 본 적 없는데?'

붉은 수염이 쥐방울에게 말했어요.

"네가 그 도둑을 잡는다면 빼앗은 보물을 돌려주는 것은 물론 금화 한 상자를 더 주겠다."

하지만 쥐방울은 선뜻 대답하지 않았어요. 붉은 수염이 내기에서 이기면 풀어 주겠다는 약속을 지키지 않았는데, 이 약속도 지킬 것이라는 믿음이 없었으니까요.

붉은 수염이 그런 쥐방울의 마음을 읽고 재빨리 덧붙였지요.

"지금 당장 그 멍청한 해적 5형제를 풀어 주도록 하지. 그들의 보물도 돌려주고 말이야. 그러면 약속은 지켰지? 단, 너는 이 배에 남아 도둑을 잡아야 해."

"좋아요. 붉은 수염님이 약속을 지키신다면 도둑을 잡아 드릴게요."

쥐방울은 선선히 대답했어요.

붉은 수염이 씨익 웃으며 누런 가래침을 카악 소리 내며 바닥에 뱉고 발로 문질렀어요. 해적의 세계에서 침을 뱉는다는 것은 중요한 약속을 한다는 의미였거든요.

쥐방울도 침을 퉤 뱉고 발로 문질렀어요.

"해적 대 해적의 약속이다!"

붉은 수염과 쥐방울은 악수를 했어요.

해적 5형제는 풀려나고 보물들도 돌려받았어요. 그러나 어찌된 일인지 5형제의 얼굴이 조금도 밝아 보이지 않았어요.

"쥐방울은 우리를 모두 합친 것보다도 용감해. 그렇게 훌륭한 녀석을 내버려두고 우리만 도망치는 것은 비겁하다!"

대머리 해적이 눈물을 글썽였어요.

"맞아. 그랬다가는 쥐방울을 내주고 우리만 살아남았다는 소리를 듣게 될 거야. 우리 스스로 부끄러워질 거라고! 차라리 붉은 수염의 배에 함께 남아 있는 게 나아!"

콧수염 해적도 주먹을 불끈 쥐었어요.

"그래. 우리 모두 쥐방울과 함께 남자. 쥐방울은 우리 형제나 다름없다!"

갈고리 손 해적이 갈고리를 들어 보이며 결정했어요. 다른 해적들도 고개를 끄덕였어요.

이렇게 해서 해적 5형제도 쥐방울과 함께 붉은 수염의 해적선에 머물게 되었습니다.

"고마워요."

쥐방울은 자신과 위험을 함께하려는 해적 5형제에게 고맙다는 인사를 몇 번이나 했어요.

"천만에. '의리' 하면 우리를 빼고 얘기할 수 없지. 게다가 넌 우리에게 형제나 다름없다. 우리는 한 가족이야."

갈고리 손 해적이 쥐방울의 손을 잡았어요. 쥐방울은 가슴이 뭉클했지요. 드디어 자기에게도 가족이 생긴 거예요. 쥐방울은 해적 5형제를 위해서라도 이번 일을 꼭 해결하겠다고 다짐했어요.

쥐방울은 붉은 수염의 서재에 들어가 곰곰이 생각했어요.

'붉은 수염이 며칠 동안이나 이곳을 지켰지만 아무도 들어오지 않았다고 했어. 하지만 책은 계속 없어졌지. 그렇다면 도둑은 문이 아닌 다른 곳으로 들어왔던 거야. 서재 너머 있는 것은 주방과 붉은 수염의 방, 그리고 창고야. 하지만 거기에서 서재로 들어오는 길은 벽으로 완전히 막혀 있는데, 도둑은 어디로 들어왔을까?'

머리가 지끈거리자 쥐방울은 잠시 쉬기 위해 의자에

머리를 기대고 천장을 올려보았어요. 그런데 천장을 쳐다보던 쥐방울이 깜짝 놀라 벌떡 일어났어요.
"그래, 바로 저거야!"

쥐방울은 서재 위층에 있는 방으로 뛰어 올라갔어요. 그곳은 붉은 수염의 해적선에서 제일 지저분하고 게으른 배불뚝이의 방이었어요. 문에는 삐뚤빼뚤한 글씨로 '내 방! 출입 금지'라고 적힌 팻말이 붙어 있었지요.

쥐방울은 심호흡을 하고 문을 두드렸어요.
"누구냐?"
안에서 퉁명스러운 목소리가 났어요.
"실례합니다만, 문 좀 열어 주세요."
문이 열리고 배불뚝이가 고개를 빼꼼 내밀었어요.
"무슨 일이지?"

"저, 죄송하지만 방을 청소해 드릴까 하는데요?"

배불뚝이가 미심쩍은 얼굴로 물었어요.

"왜?"

"그냥요, 치워 드리고 싶어서요."

"뭐라고? 꺼져, 이 녀석아. 아무도 내 방에 들어올 수 없어!"

배불뚝이는 쥐방울의 앞을 가로막고 험상궂게 말했어요.

쥐방울이 어떻게 해야 할지 몰라 우물쭈물하는데, 해적 5형제가 우르르 몰려왔어요.

"이봐, 배불뚝이. 우리 쥐방울한테 무슨 짓을 하는 거냐?"

"이 녀석이 나를 귀찮게 하잖아. 내 방을 청소하고 싶다나 뭐라나?"

배불뚝이가 허리에 손을 얹고 화를 버럭 냈어요.

"쥐방울이 청소해 주겠다면 고마워할 일이지 도리어 소리를 지르다니. 정말 못된 놈이군."

해적 5형제는 물러나지 않고 소란을 피웠어요. 그러자 붉은 수염이 시끄러운 소리를 듣고 와 버럭 소리를 질렀지요.

"대체 무슨 일이냐?"

배불뚝이가 쥐방울을 가리키며 투덜거렸어요.

"대장님, 싫다는데도 자꾸만 저 녀석이 제 방을 치우겠다고 해서요."

붉은 수염의 눈썹이 꿈틀거렸어요.

"배불뚝이, 쥐방울이 네놈의 돼지우리 같은 방을 치울 수 있게 비켜라."

"네? 네……."

배불뚝이는 마지 못해 쥐방울이 방으로 들어오도록

했어요.

쥐방울은 빗자루로 쓱싹쓱싹 바닥을 쓸어 냈어요. 바나나 껍질, 과자 봉지, 휴지 조각, 빵 부스러기 등등 온갖 쓰레기가 한쪽으로 말끔히 치워지자 바닥이 드러났어요. 바닥에는 반복되는 모양의 타일이 깔려 있었어요.

쥐방울이 타일을 가만히 보더니 어떤 부분에 손을 대려고 몸을 숙였어요.

그때 배불뚝이가 믿기지 않을 만큼 날쌔게 달려와 앞을 가로막았어요.

"그건 안 돼. 건드리지 마!"

그러나 이미 때는 늦었어요.

쥐방울은 잽싸게 타일 틈으로 손가락을 넣어 타일 한 조각을 들어 올렸습니다.

최고의 보물은 지혜이다

바닥에 네모난 구멍이 생기고, 그 구멍으로 붉은 수염의 서재가 보이지 뭐예요.

"아니, 이게 어떻게 된 거야?"

붉은 수염의 눈이 튀어나올 것처럼 커졌습니다. 다른 해적들도 너무 놀라 입만 쩍 벌렸어요. 어느 누가 쓰레기장 같은 배불뚝이의 방에 비밀 문이 숨겨져 있을 거라고 상상이나 했겠어요?

배불뚝이의 얼굴이 점점 하얘졌어요. 이마에는 식은땀이 송골송골 맺혔고요.

붉은 수염은 잔뜩 굳은 얼굴로 방을 휘 둘러보았어요.

무엇인가를 덮고 있는 큰 누더기 천이 눈에 띄었어요. 붉은 수염은 뚜벅뚜벅 다가가 천을 확 걷었습니다. 그러자 거기에 책들이 한 무더기 쌓여 있었어요.

배불뚝이가 붉은 수염 앞에 얼른 엎드리며 애원했어요.

"대장님, 제발 용서해 주십시오. 다시는 책을 훔치지 않겠습니다!"

콧수염 해적이 쥐방울에게 물었어요.

"어떻게 저 녀석이 책을 훔쳐 갔다는 걸 알아냈지? 게다가 바닥에 이런 비밀 문이 있다는 걸 어떻게 안 거야?"

쥐방울이 웃으며 대답했어요.

"서재 천장에 나 있는 무늬 때문이었어요. 가만히 보니까 규칙을 따르고 있더라고요. 자, 보세요. 무늬와 색깔이 반복되죠? 그런데 타일 몇 개가 이 규칙에서 벗어나 있었어요. 그 부분을 잘 살펴봤더니 누군가가 타일을 뺐다가 다시 끼워 넣은 흔적이 있더라고요. 그래서 누군가가 천장을 통해서 책을 꺼내 갔다는 것을 알게 된 거죠. 그리고 이곳

천장이랑 연결된 곳이 바로 배불뚝이 아저씨의 방이었어요. 배불뚝이 아저씨 방의 바닥 타일도 이 부분이 규칙에서 어긋나 있죠? 서재 천장의 타일이 바뀐 부분과 같은 부분이에요."

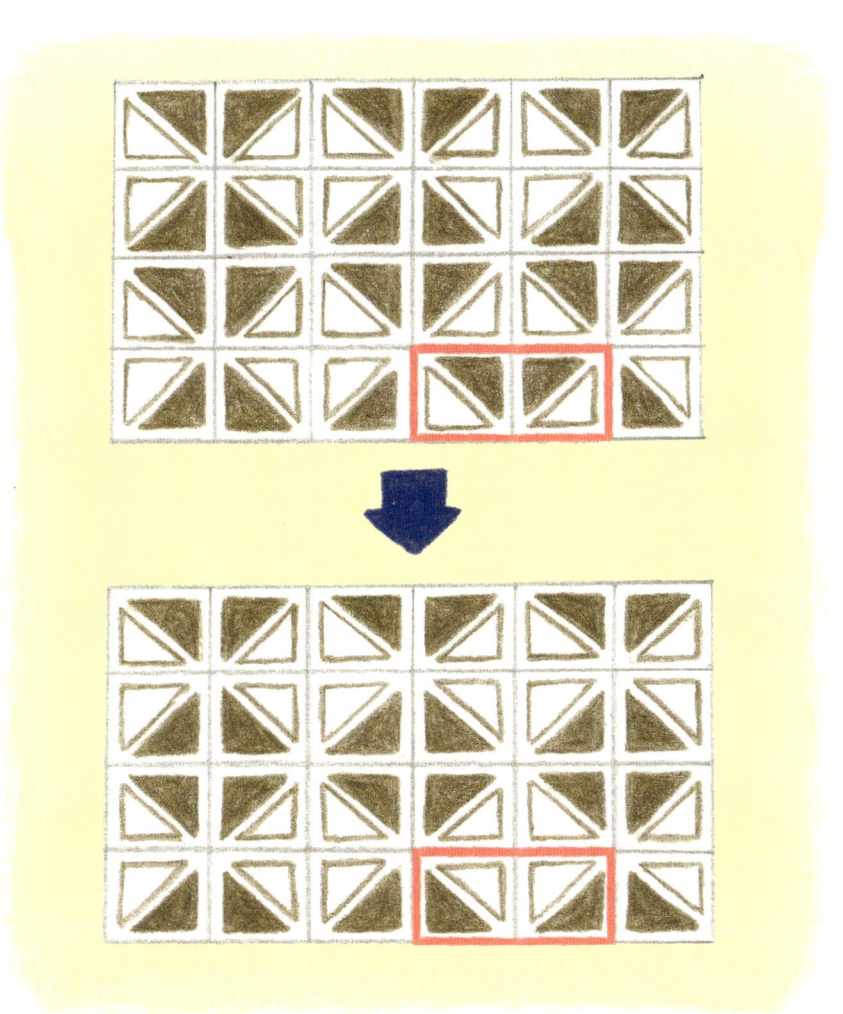

"오호, 정말 그렇군."

붉은 수염이 손바닥을 짝 쳤어요.

"역시 쥐방울은 똑똑해."

해적 5형제는 박수를 아끼지 않았지요.

배불뚝이가 서럽게 꺼이꺼이 울자, 쥐방울이 부드러운 목소리로 물었어요.

"아저씨는 왜 책을 훔쳐 갔던 거예요?"

배불뚝이가 눈물, 콧물 범벅된 얼굴을 하고 흐느끼면서 대답했어요.

"사실 나도 똑똑해지고 싶었어. 하지만 어떻게 해야 할지 몰랐지. 그러다 대장님이 책을 숨겨 두고 혼자만 읽으신다는 걸 알게 된 거야. 대장님이 똑똑한 건 책을 많이 읽었기 때문이란 걸 알고 나도 그러고 싶었거든. 그래서 그만……."

배불뚝이는 말을 다 끝내지 못하고 서럽게 울었어요.

"이런 나쁜 놈 같으니라고. 감히 나처럼 똑똑해지기를 바라다니. 이런 놈은 머리가 나빠질 때까지 꿀밤을 때려야겠다."

붉은 수염이 펄쩍 뛰며 화를 내자, 쥐방울이 나섰어요.

"제발 배불뚝이 아저씨를 용서해 주세요. 책을 훔친 것은 잘못이지만 배우고 싶은 마음에 그랬던 거잖아요. 게다가 사실……."

쥐방울은 갑자기 말을 멈추었어요.

"사실 뭐냐?"

붉은 수염이 묻자, 쥐방울은 잠시 망설이다 대답했어요.

"책을 숨겨 두고 혼자만 보려는 것은 어리석은 짓이에요. 저라면 모두에게 책을 보여 줬을 거예요. 아무것도 모르는 부하들보다 똑똑한 부하들이 훨씬 도움이 될 테니까요."

"안 돼. 나보다 똑똑한 부하는 있을 수 없어! 그런 놈이 있다면 목을 베 버릴 테다."

붉은 수염이 싸늘한 표정으로 화를 냈어요.

그런데 그때까지 잠자코 있던 갈고리 손이 갑자기 끼어들었어요.

"최고의 보물은 지혜이다. 지혜로운 사람이 바로 보물이다."

붉은 수염이 인상을 찌푸렸어요.

"그건 무슨 헛소리냐?"

갈고리 손이 말을 이었어요.

"어떤 보물 상자에 적혀 있던 말이다. 처음 그 말을 들었을 때 나도 헛소리라고 여겼는데 이제야 알겠어! 지혜로운 쥐방울이야말로 우리에게 제일 특별한 보물이라는 것을. 쥐방울 덕분에 위험한 고비도 넘기고 보물도 되찾게 되었으니 말이다.

붉은 수염, 네게도 똑똑한 부하가 있다면 네가 어려움에 처했을 때 도움을 받을 수 있을 것이다!"

해적 4형제는 갈고리 손의 말에 말없이 고개를 끄덕였지요.

하지만 붉은 수염은 여전히 미심쩍은 얼굴이었어요.

"모두 똑똑해진다면 더 이상 나를 두려워하지 않게 될 거다. 나를 대장에서 몰아내려 할지도 몰라."

"두려워하지는 않게 되지만 존경은 하게 될 거예요. 대장님은 모두의 선생님이 되는 것이니까요. 존경은 두려움보다 훨씬 강하거든요.

대장님이 늙어서 약해지면, 부하들은 대장님을 더 이상 두려워하지 않을 거예요. 하지만 훌륭한 선생님이 된다면 몸이 약해지거나 늙어도 존경 받을 수 있어요."

쥐방울이 열심히 설득했어요.

붉은 수염은 팔짱을 끼고 깊은 생각에 잠겼지요.

뚜벅뚜벅…….

방 안에는 붉은 수염이 방 안을 왔다 갔다 하는 발자국 소리만 들렸어요. 모두들 숨죽이고 붉은 수염의 뒷모습을 쳐다보았지요.

마침내 붉은 수염이 입을 열었어요.
"좋아. 저놈을 용서해 주지. 그리고 앞으로 부하들에게 책도 읽어 주고 공부도 가르치겠다. 단, 한 가지 조건이 있다. 너는 한 달에 한 번씩 나를 찾아와 네가 아는 것들을 알려 다오. 그러면 금화를 한 상자씩 대가로 주마. 그리고 바다를 누비는 모든 해적들에게 네가 타고 있는 배는 공격하지 않도록 해 주마."

그 말에 쥐방울이 기뻐서 팔짝팔짝 뛰었어요. 해적 5형제도 뜻밖의 제안에 신이 났어요.

붉은 수염은 부하들을 모두 불러 놓고 새로운 소식을 알렸어요.

"이제부터 나는 너희들의 선생님이 될 것이다. 그 동안 나 혼자만 보던 책들을 네놈들에게도 읽어 주겠다. 그러니 열심히 배우도록!"

붉은 수염의 부하들은 책을 읽게 된 것이 좋은 일인지 나쁜 일인지 몰라 엉거주춤 서 있기만 했어요. 그렇지만 배불뚝이와 쥐방울, 해적 5형제가 환호성을 지르며 박수를 치자, 덩달아 환호를 하며 박수를 쳐 댔지요.

붉은 수염은 쥐방울에게 금화 한 상자를 주었어요.

"약속은 약속이다. 그럼 한 달 후에 보자!"

쥐방울은 붉은 수염에게 손을 흔들며 헤어졌어요.

쥐방울과 해적 5형제는 무사히 배로 돌아왔습니다. 배로 돌아온 해적들은 머리를 맞대고 의논하더니 큰 결정을 내렸어요. 바로 쥐방울을 두목으로 삼기로 한 것이지요.

하지만 쥐방울은 손을 내저으며 거절했어요.

"제가 두목이라니 말도 안 돼요. 저는 지금처럼 청소를 하며 지내는 게 제일 좋아요."

갈고리 손도 물러서지 않고 엄숙하게 말했어요.

"너는 지혜로울 뿐 아니라 용감하고 인정도 많다. 이제부터는 네가 이 배를 지휘한다."

이렇게 해서 쥐방울은 해적선의 두목, 해적왕이 되었어요.

해적왕이 된 쥐방울은 날마다 해적들을 모아
놓고 공부를 가르쳤어요.

해적 5형제는 수학을 배우면 배울수록 더 많이
알고 싶어 했어요. 그래서 엉덩이에 땀띠가 날 정도로 열심히
공부를 했지요.

하루의 일이 다 끝나고 저녁이 되면 모두들 갑판에
모여 밤바다를 바라보며 이야기를 나누곤 했어요.

언제나 하는 이야기는 쥐방울과 붉은 수염의
결투 이야기, 그리고 쥐방울이 멋지게 사건을
해결하는 이야기였지요. 그럴 때마다
쥐방울은 머쓱해 하면서 머리를 긁적이곤
했어요. 그리고 밤하늘의 별을 보며
마음속으로 이렇게 말했지요.

"엄마, 아빠. 제게도 멋진 가족이 생겼답니다. 그냥
가족이 아니라 배움과 모험, 그리고 의리로
뭉쳐진 가족 말이에요."

그 후 해적들은 어떻게 되었을까?

해적 5형제와 붉은 수염의 부하들은 공부도 많이 하고 책도 많이 읽어 똑똑해졌습니다. 그 후로 해적질도 그만두었지요.

아니, 해적이 해적질을 하지 않는다면 어떻게 살아가냐고요?

바다를 누비며 사람들에게 공부를 가르쳤답니다. 글을 못 읽는 해적들에게 책을 읽어 주기도 하고, 학교가 없는 섬을 찾아가 아이들에게 공부를 가르치기도 했고요.

그렇게 해서 받은 물건이나 돈으로 생활을 하니, 남의 것을 빼앗을 때보다 훨씬 평화롭고 풍족하게 살 수 있었어요. 물론 쥐방울은 붉은 수염을 한 달에 한 번씩 만나 새로운 지식을 전해 주는 것을 잊지 않았지요.

그때마다 붉은 수염은 쥐방울을 뜨겁게 맞이했어요. 두 사람은 날이 새는지도 모를 만큼 이야기를 나누었어요.

붉은 수염은 쥐방울의 지혜에 매번 놀랐어요. 그리고 크게 감탄하곤 했지요.

얼마 안 가 쥐방울은 바다에서 가장 존경받는 해적왕이 되었답니다. 그래도 조금도 으스대지 않고, 갑판을 청소하며 어려운 문제를 푸는 것을 게을리하지 않았어요.

여러분이 언젠가 바다에 나가게 된다면 책이 그려져 있는 깃발을 달고 항해하는 배가 있는지 찾아보세요. 바로 그 배에 쥐방울이 타고 있을 테니까요.

49쪽 정답